HALLOWEEN ANIMALI

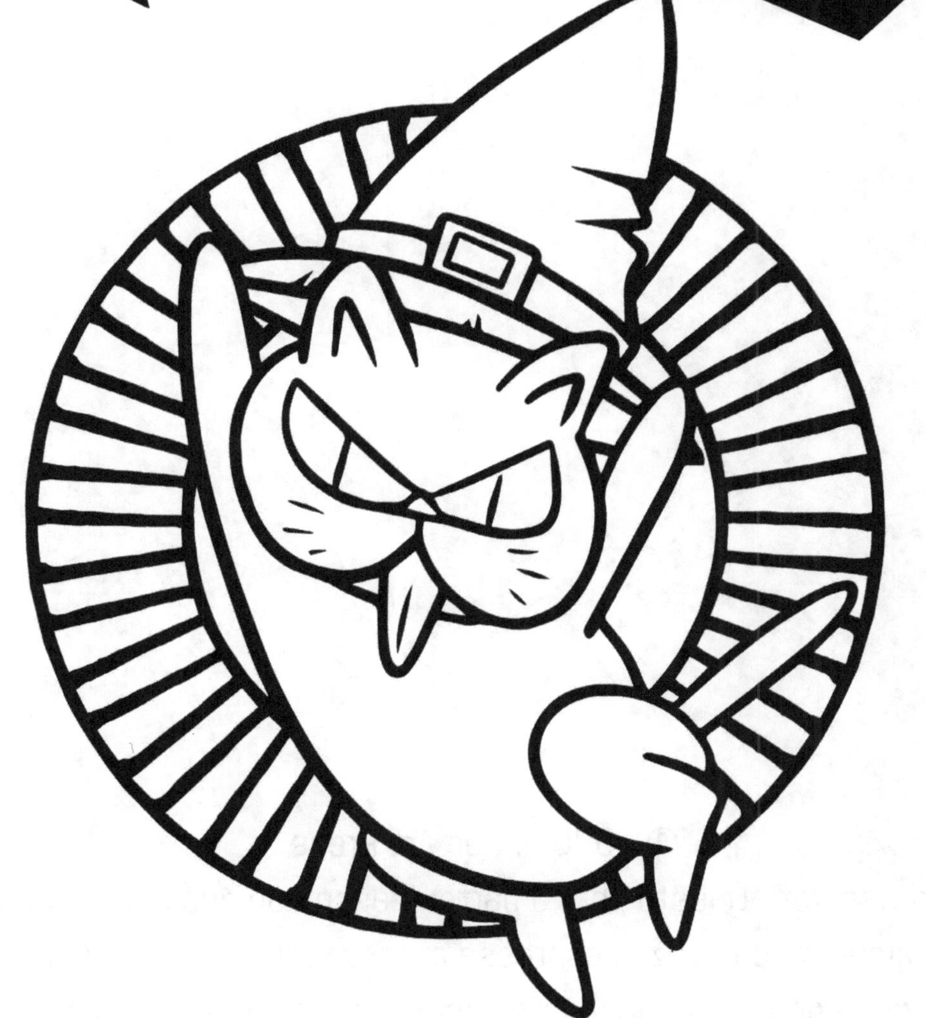

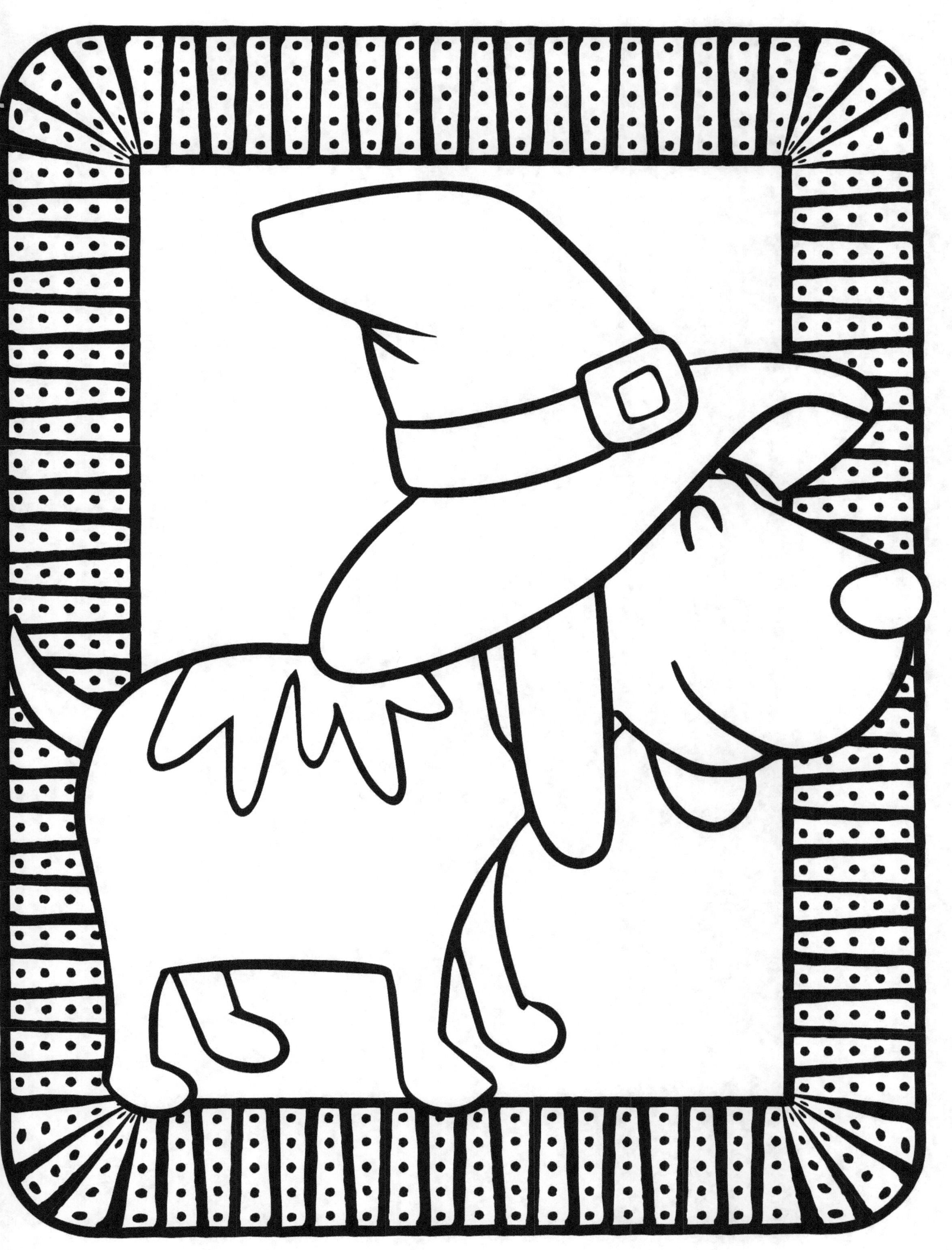

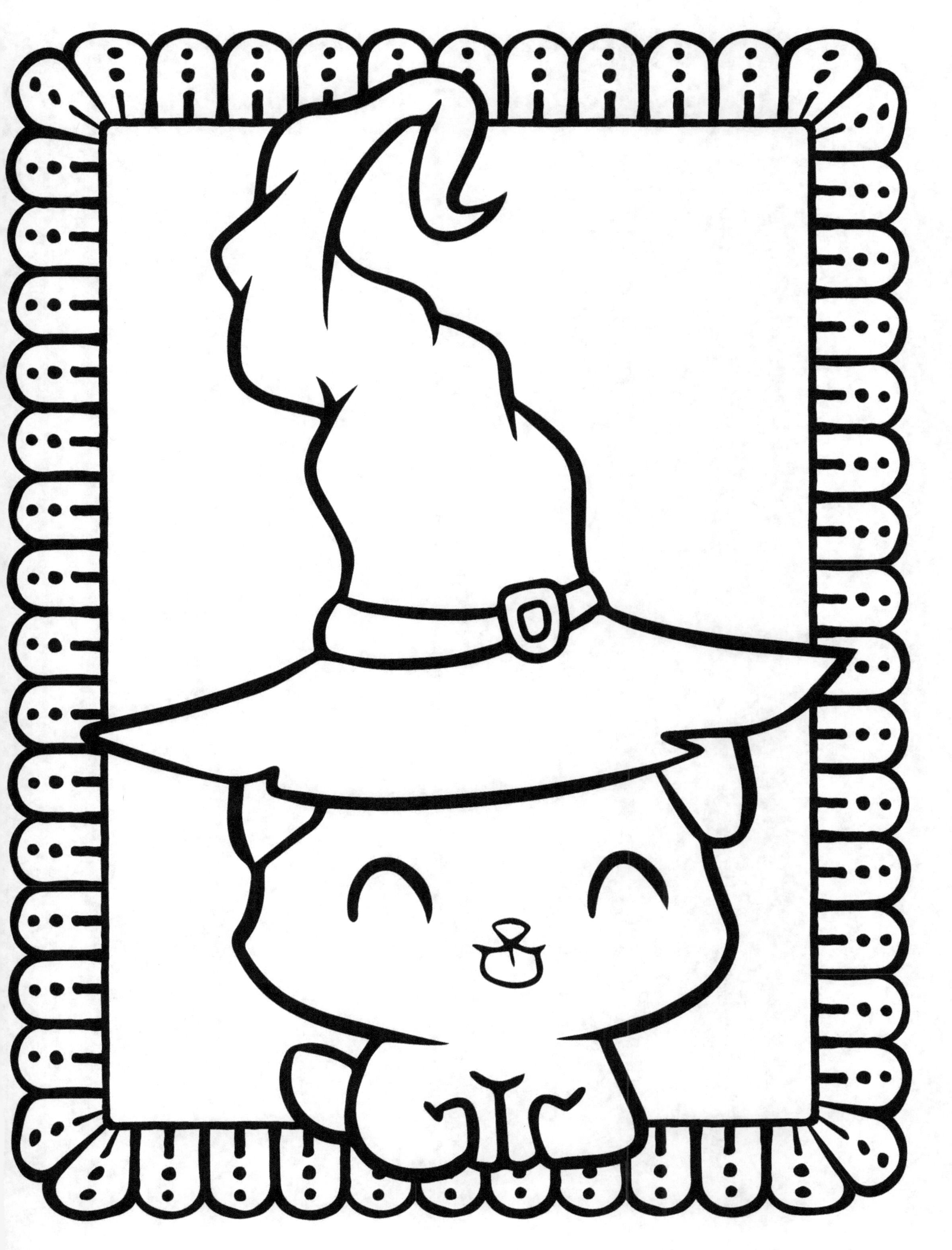

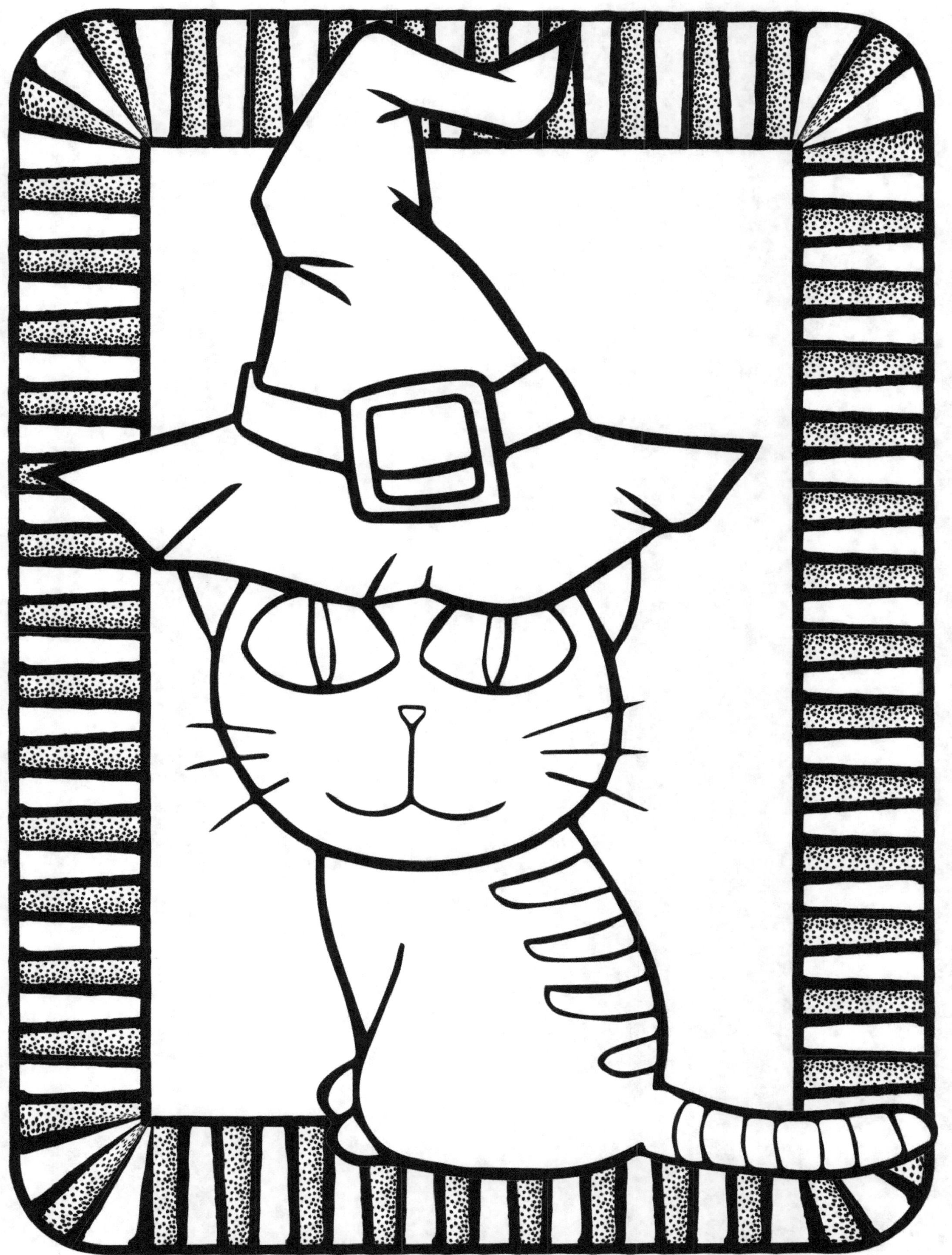

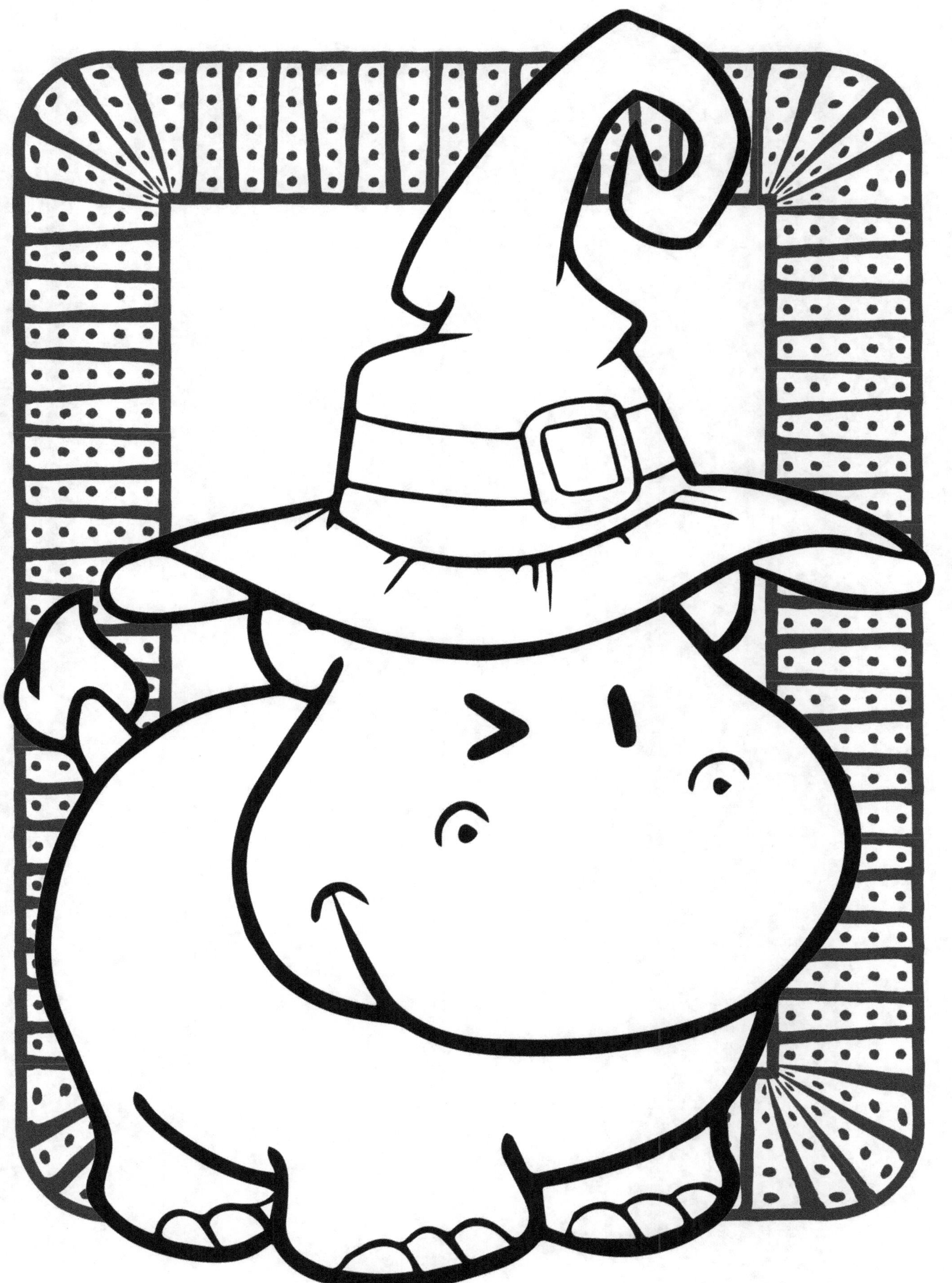

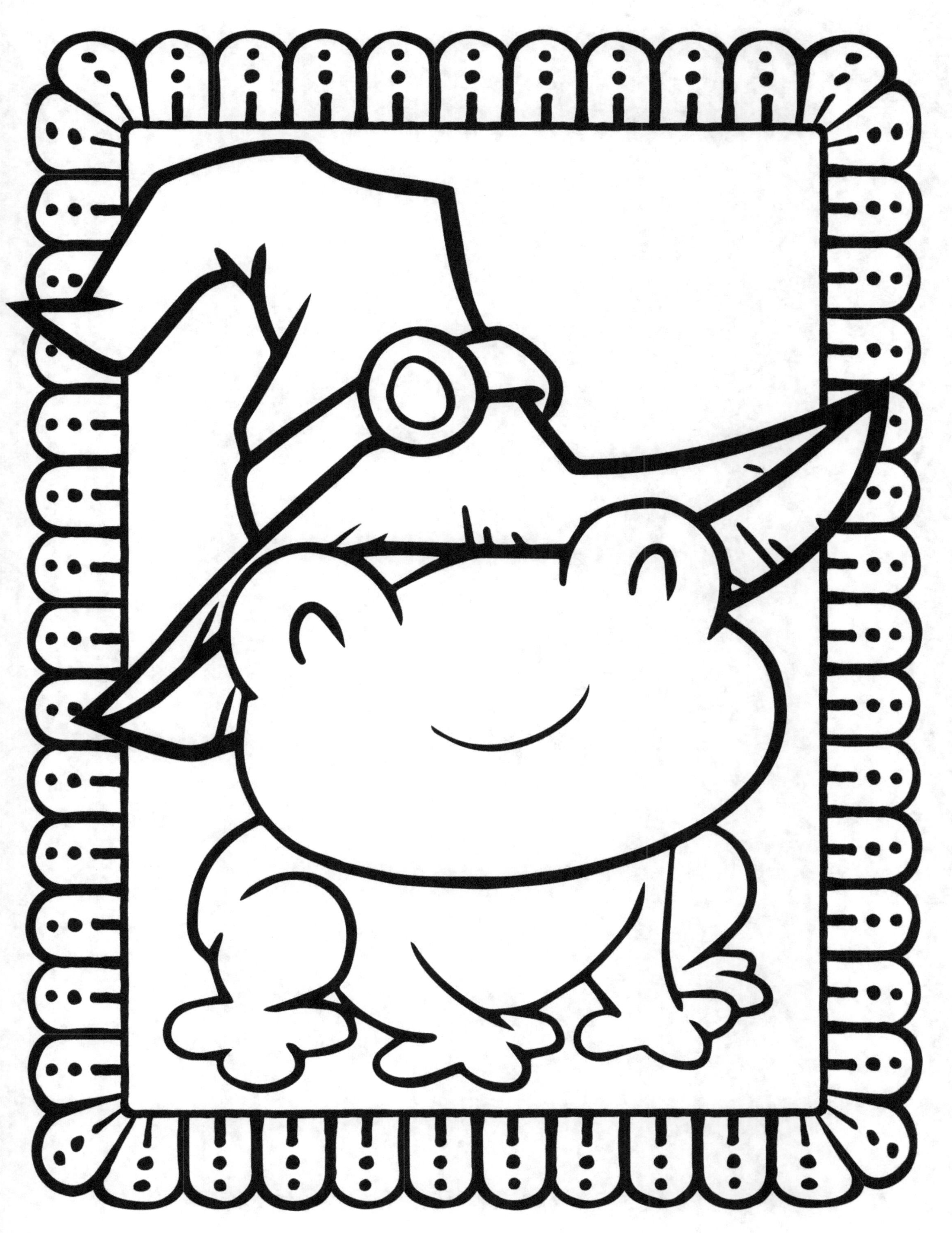

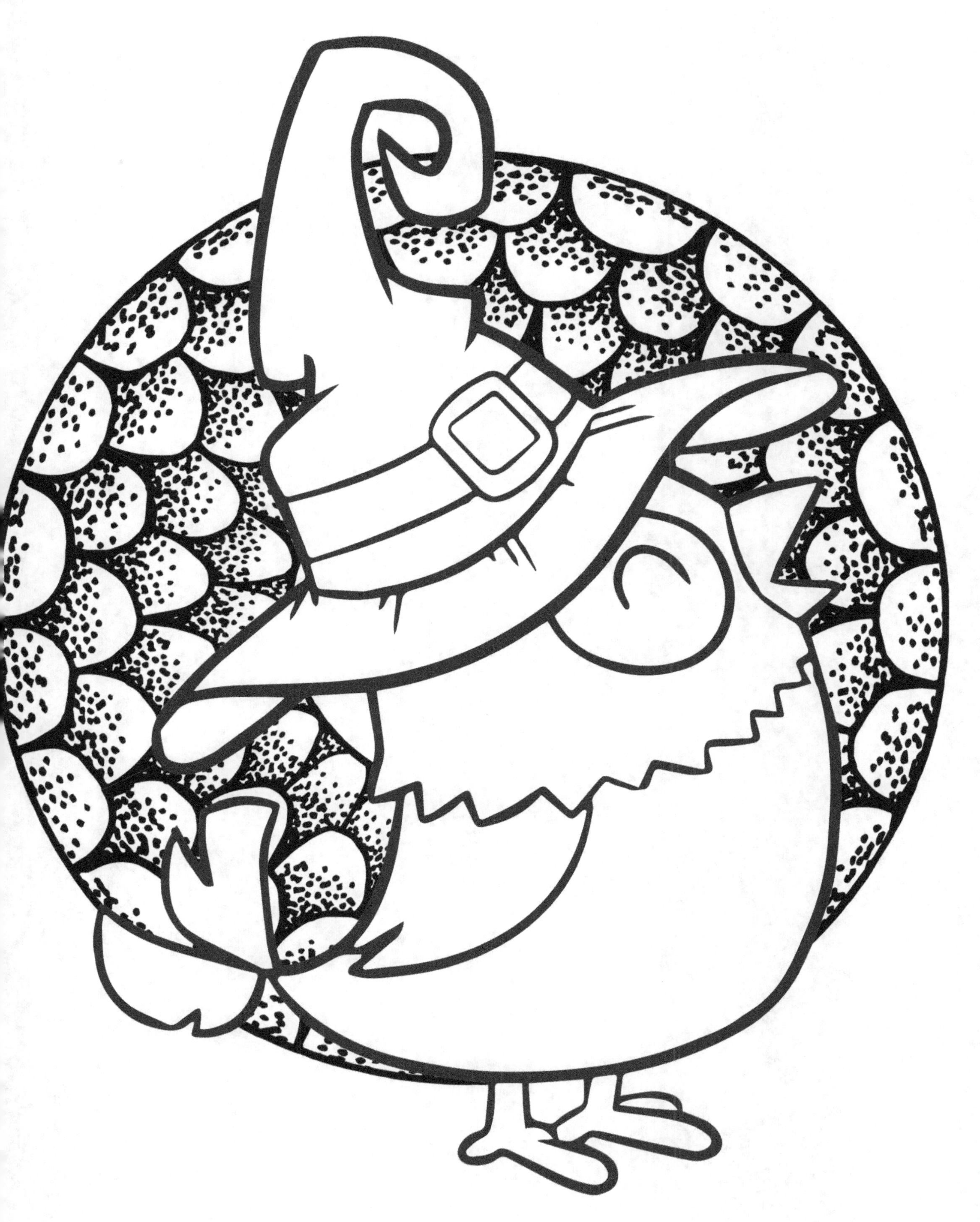

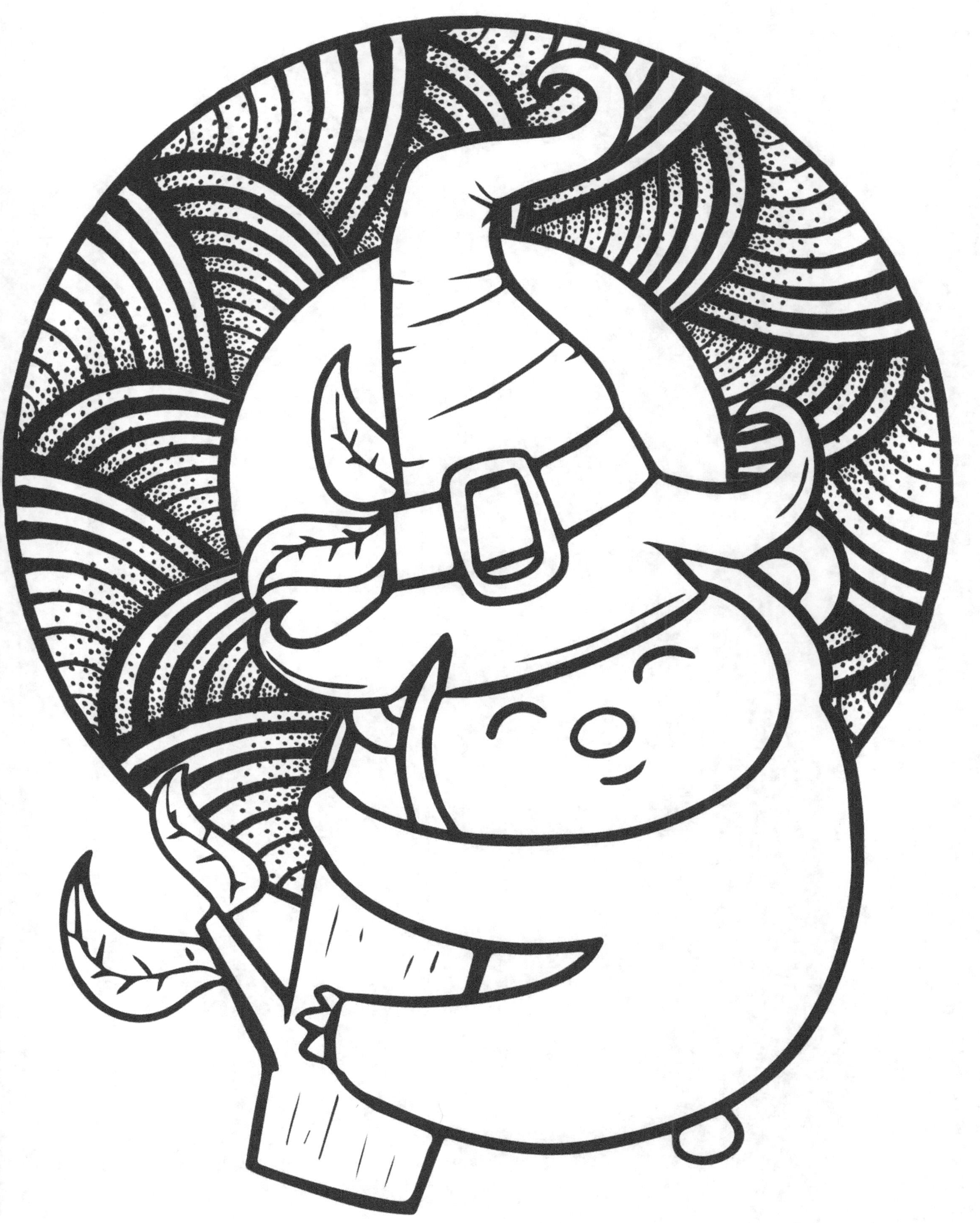

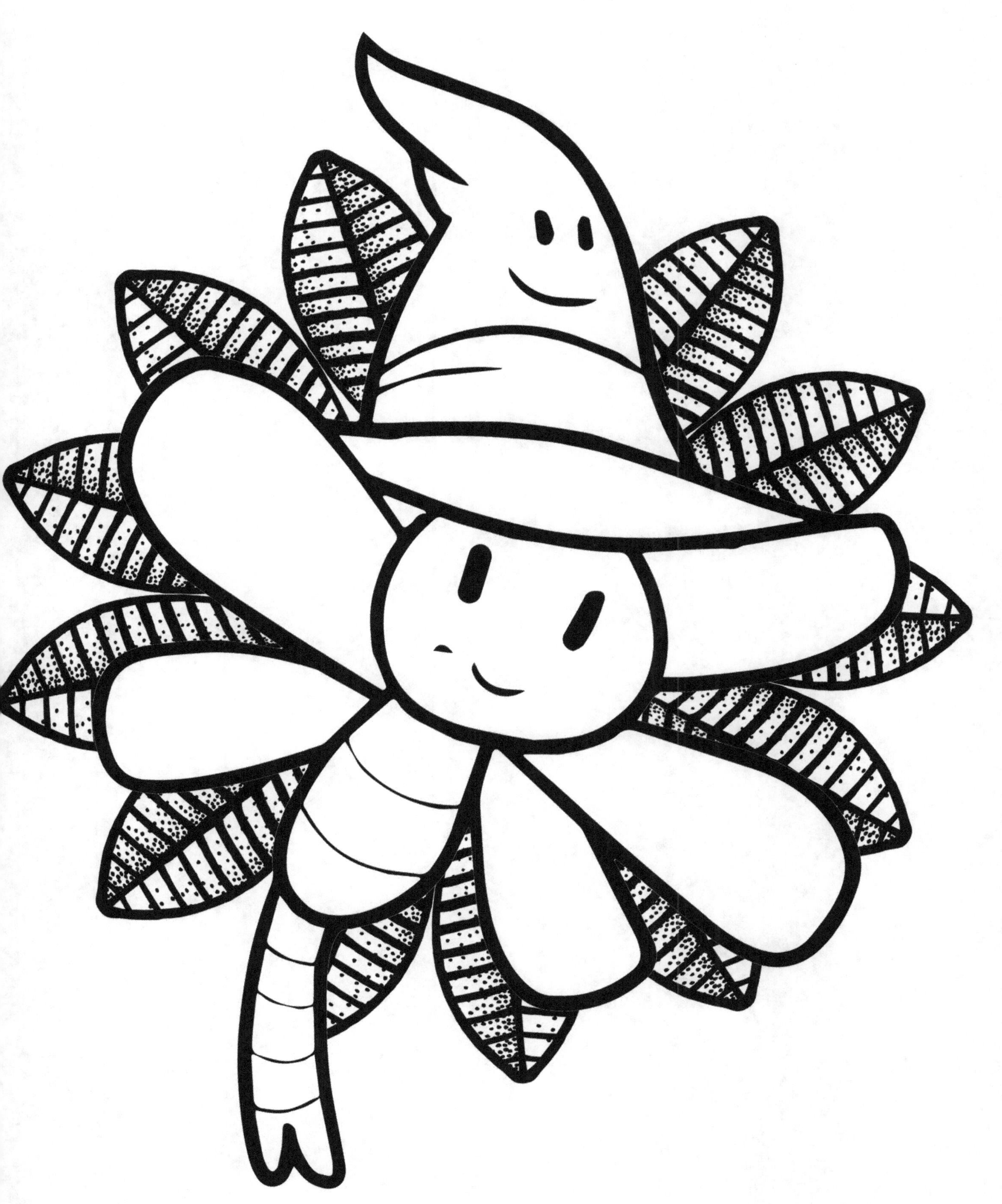

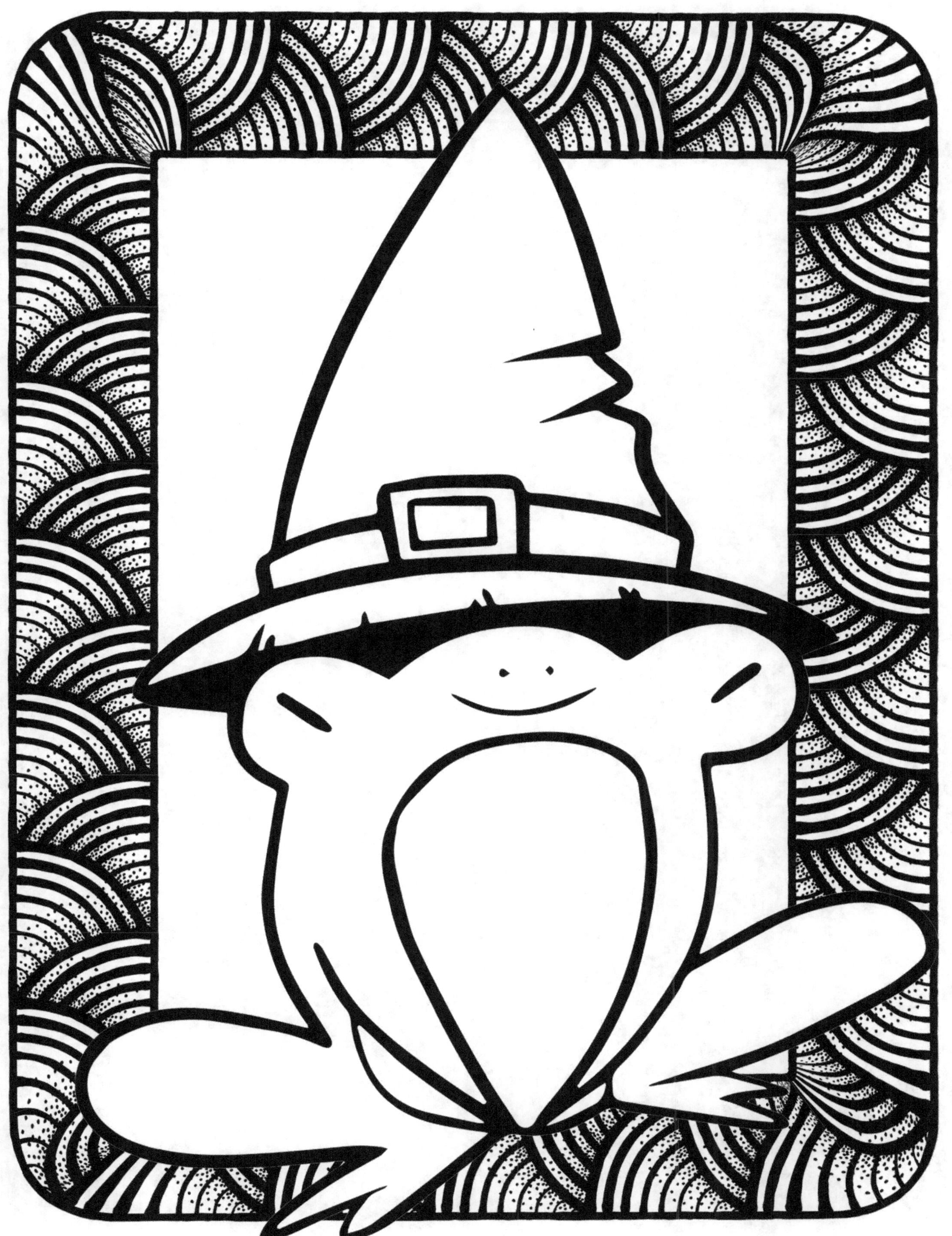

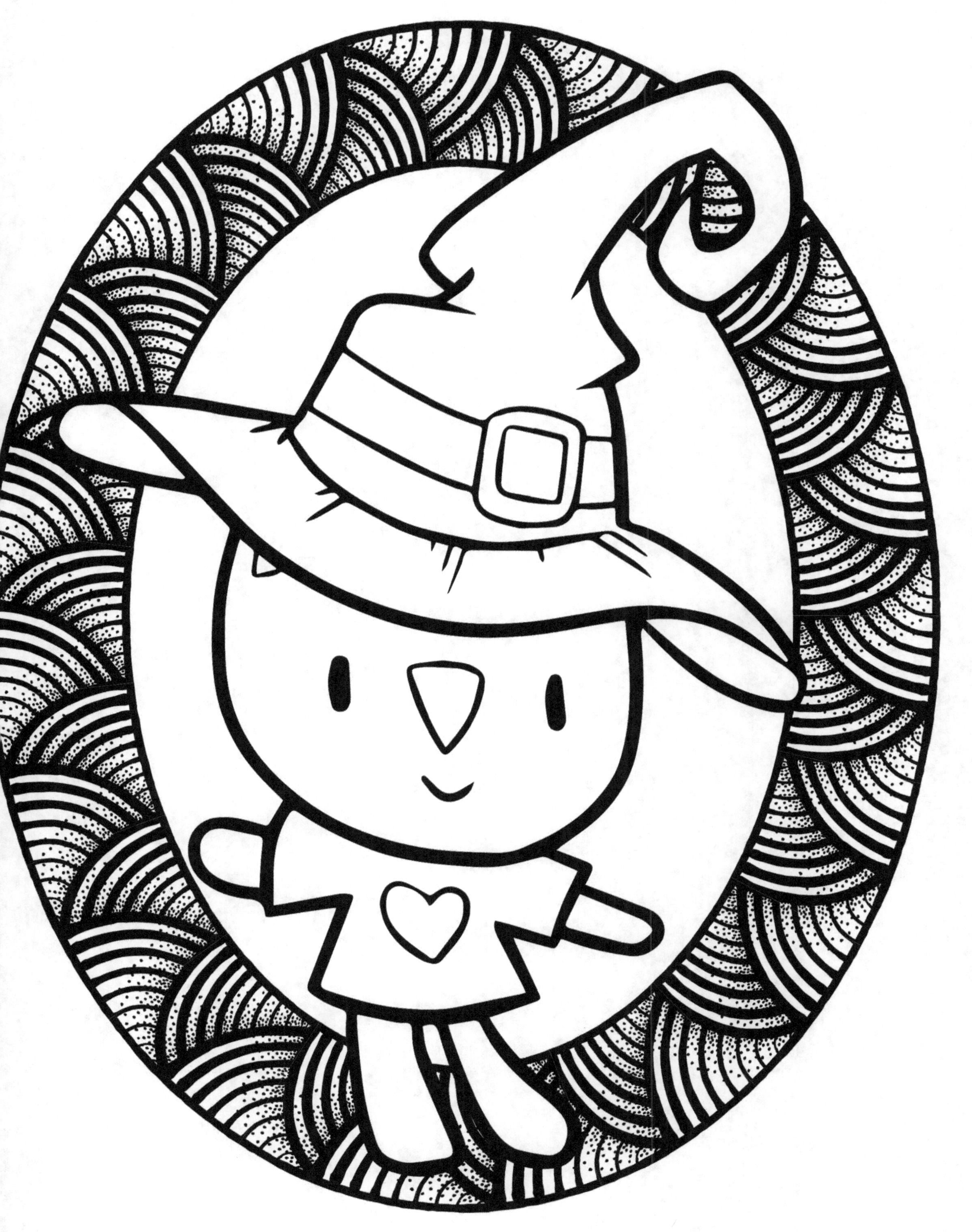

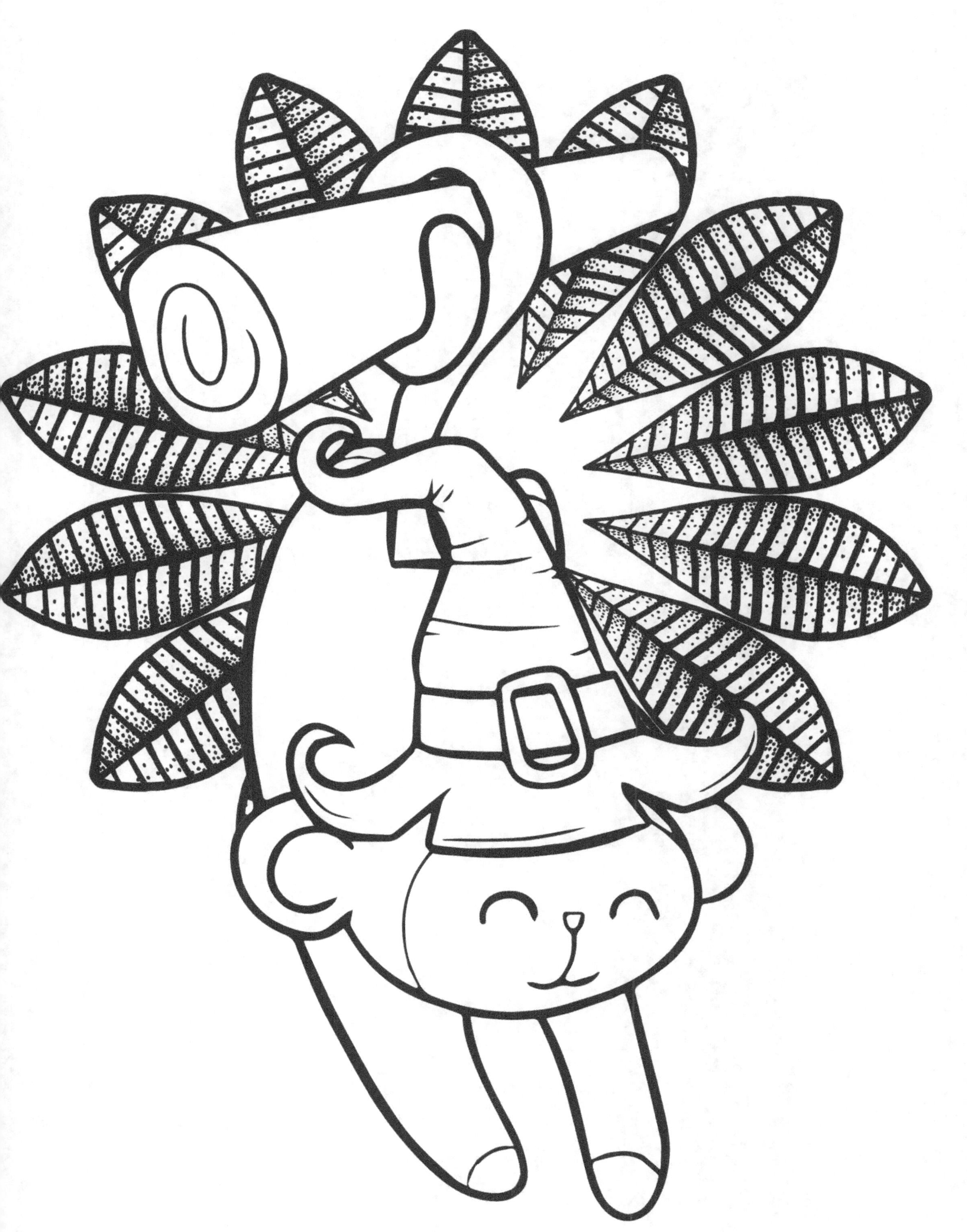

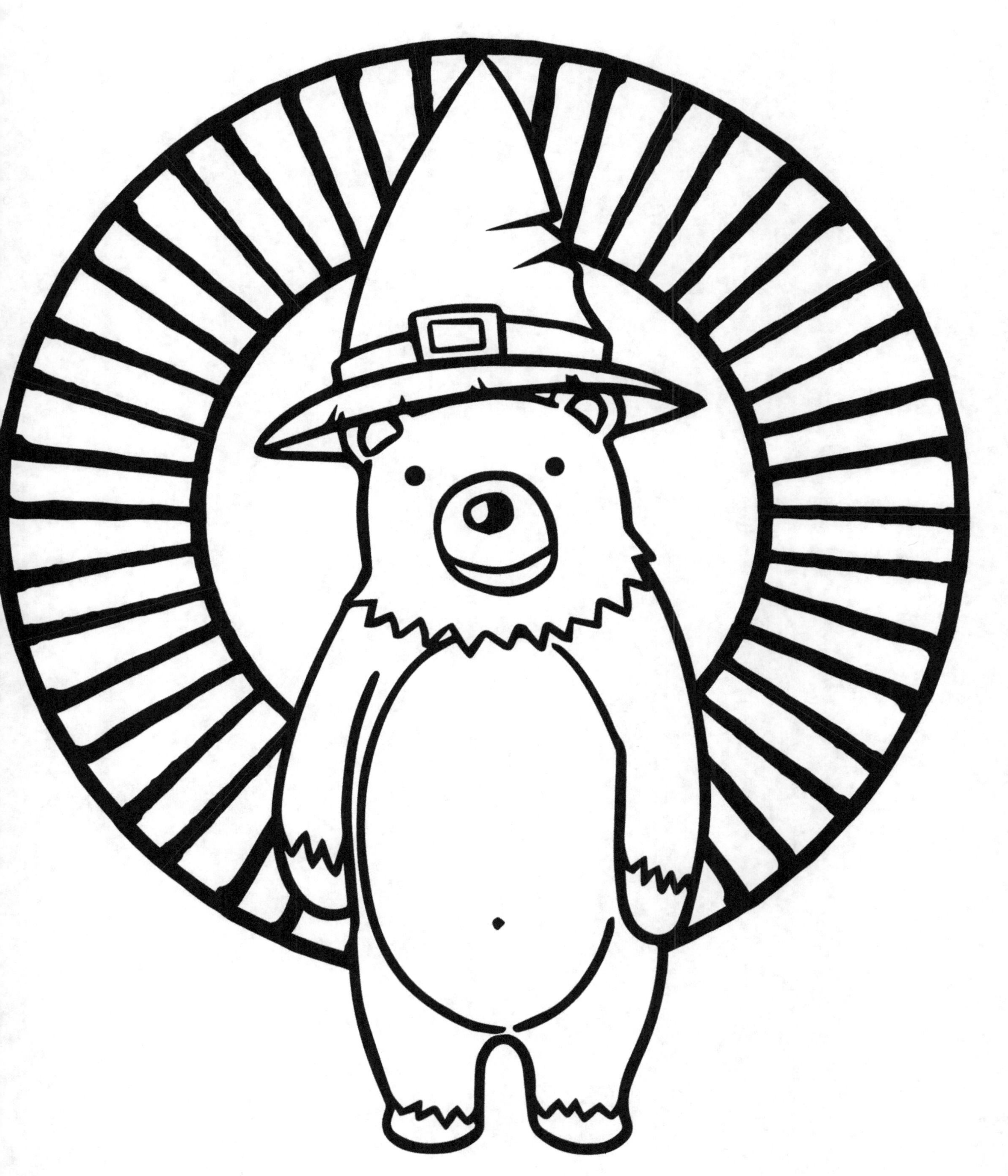

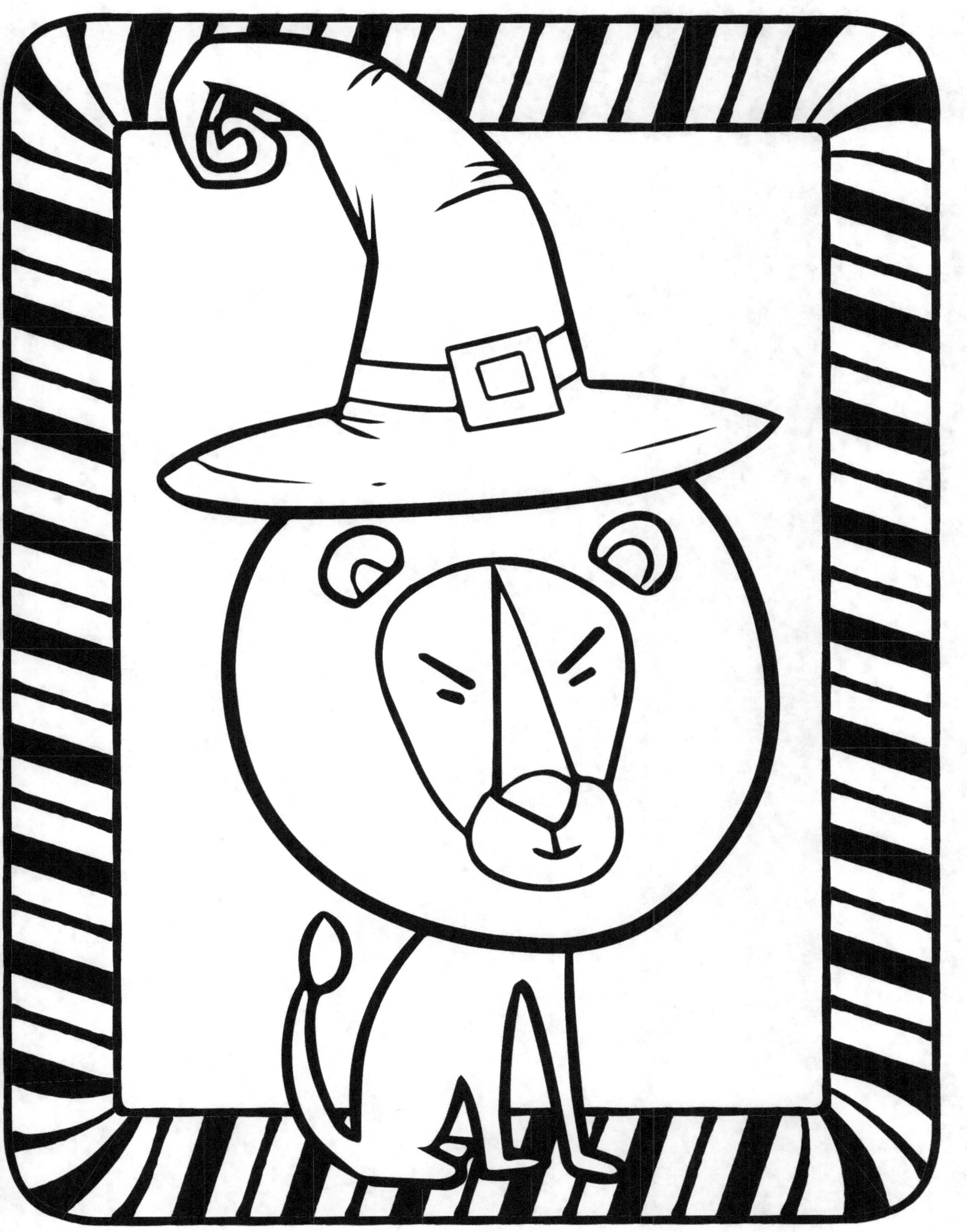

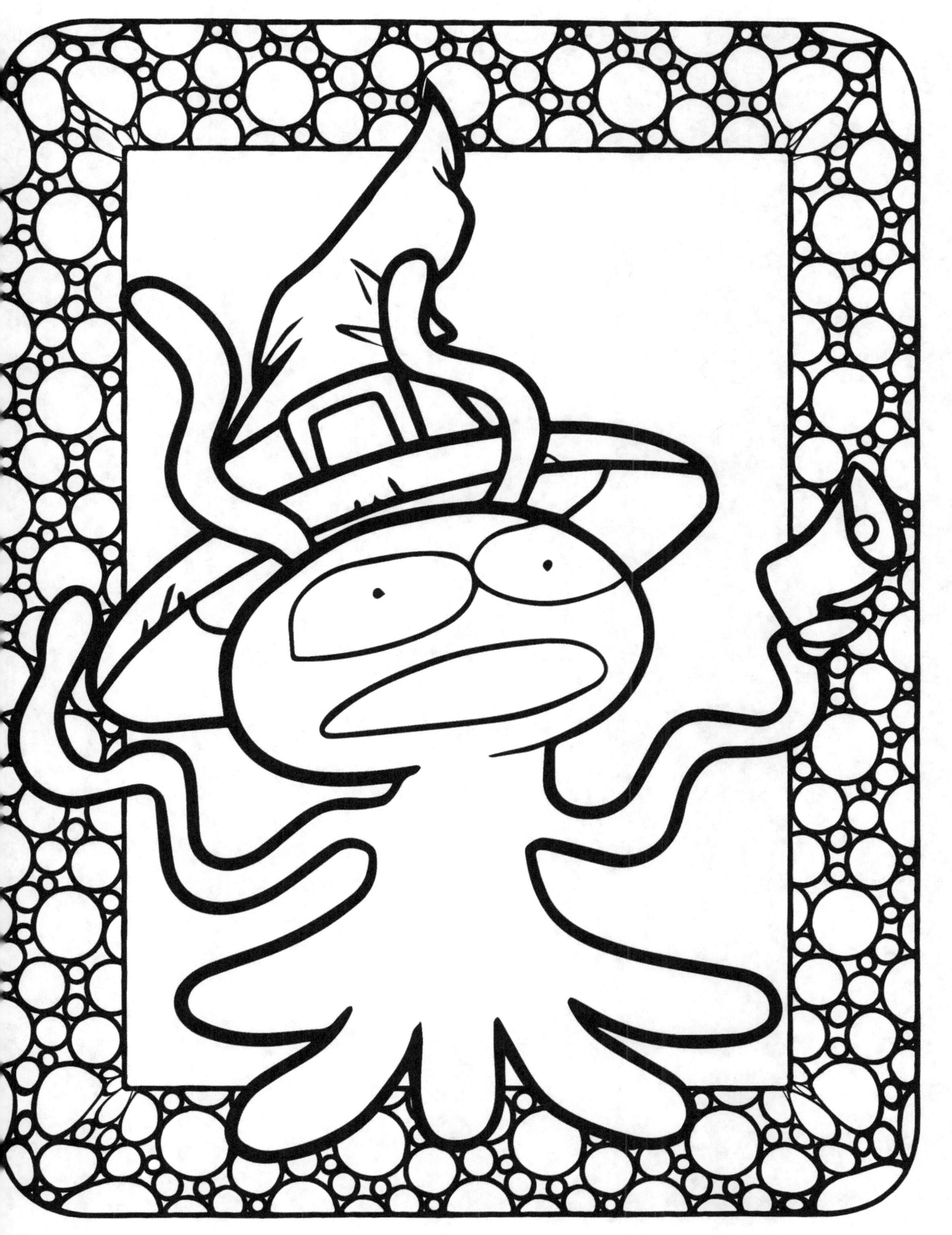

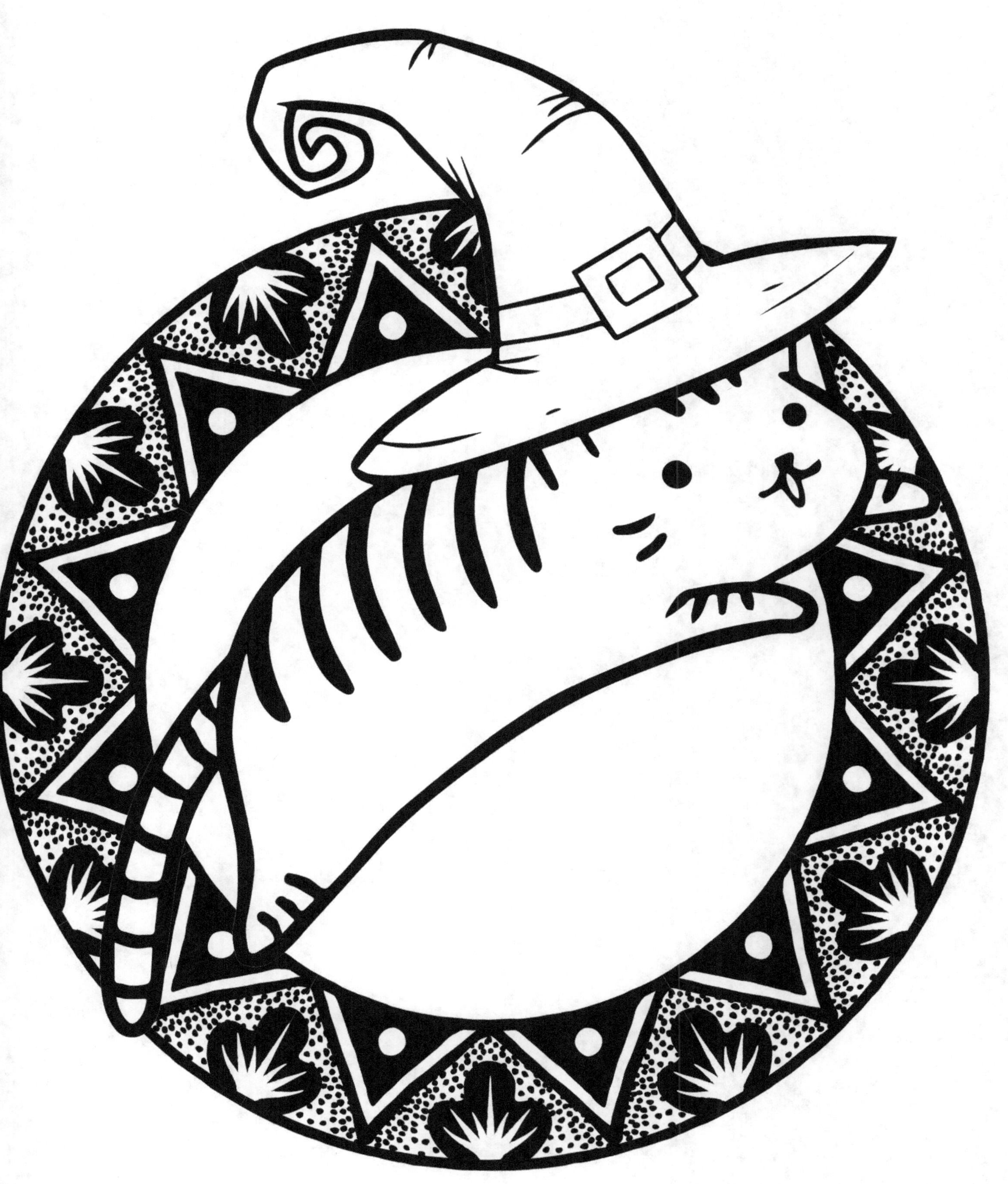

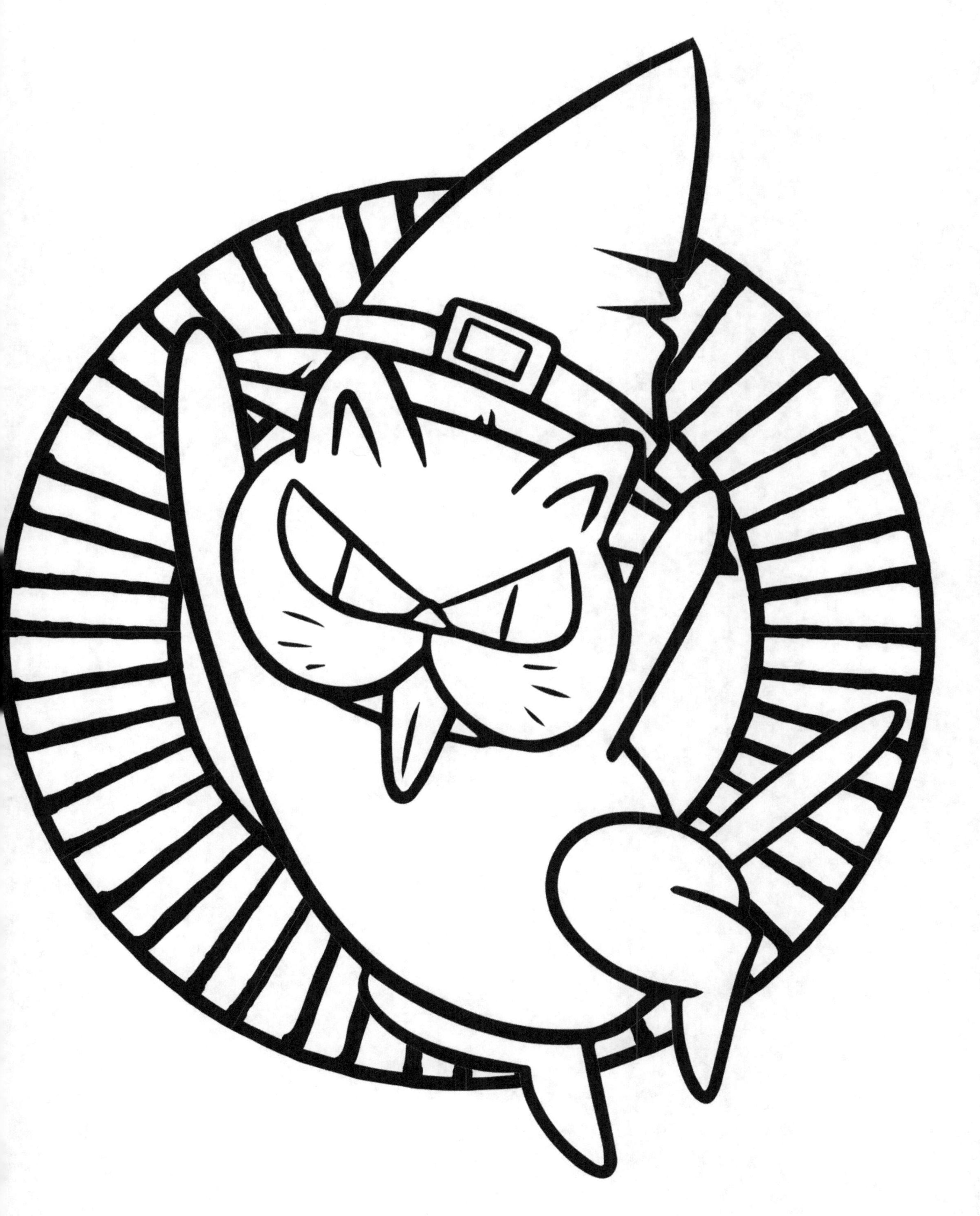

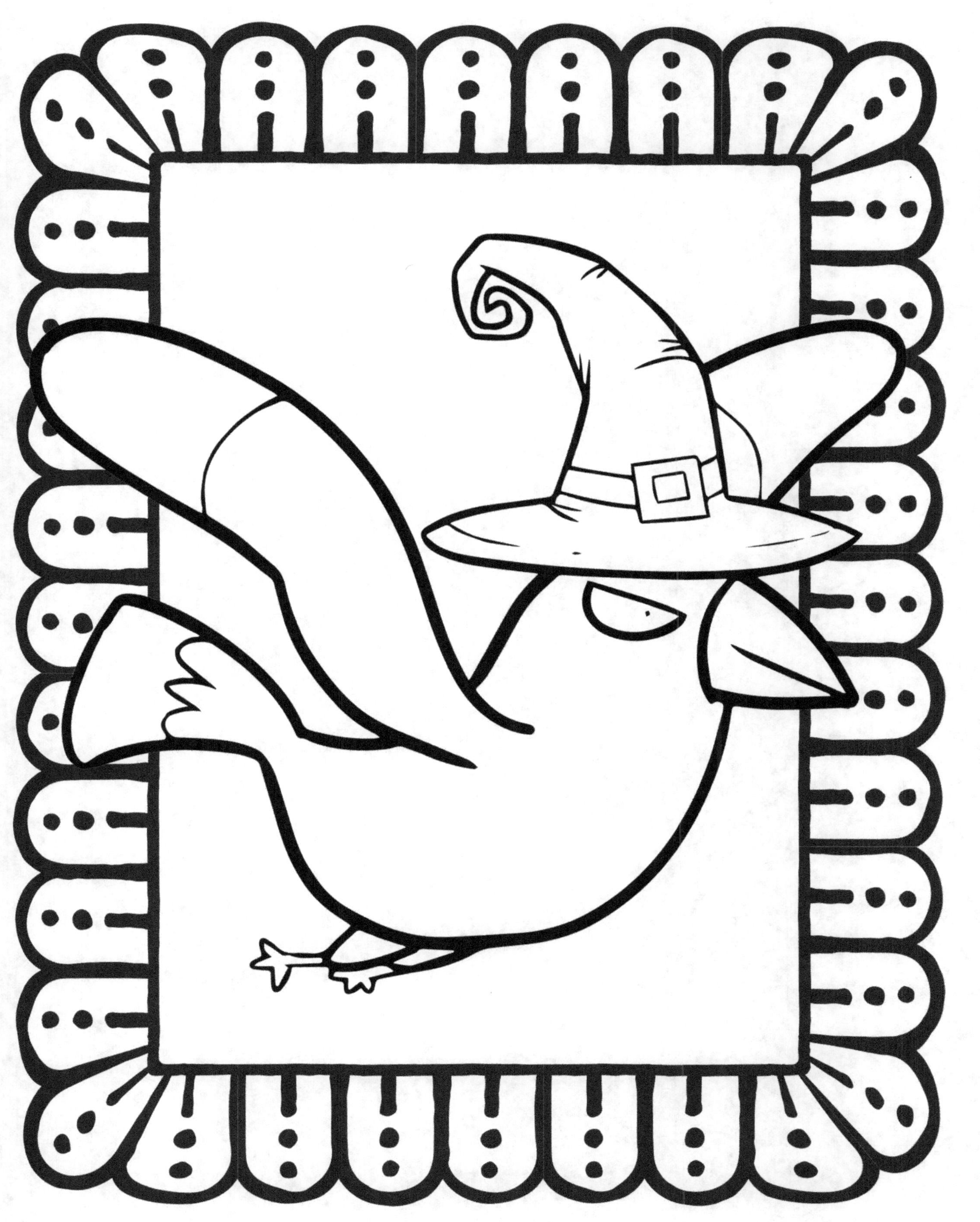

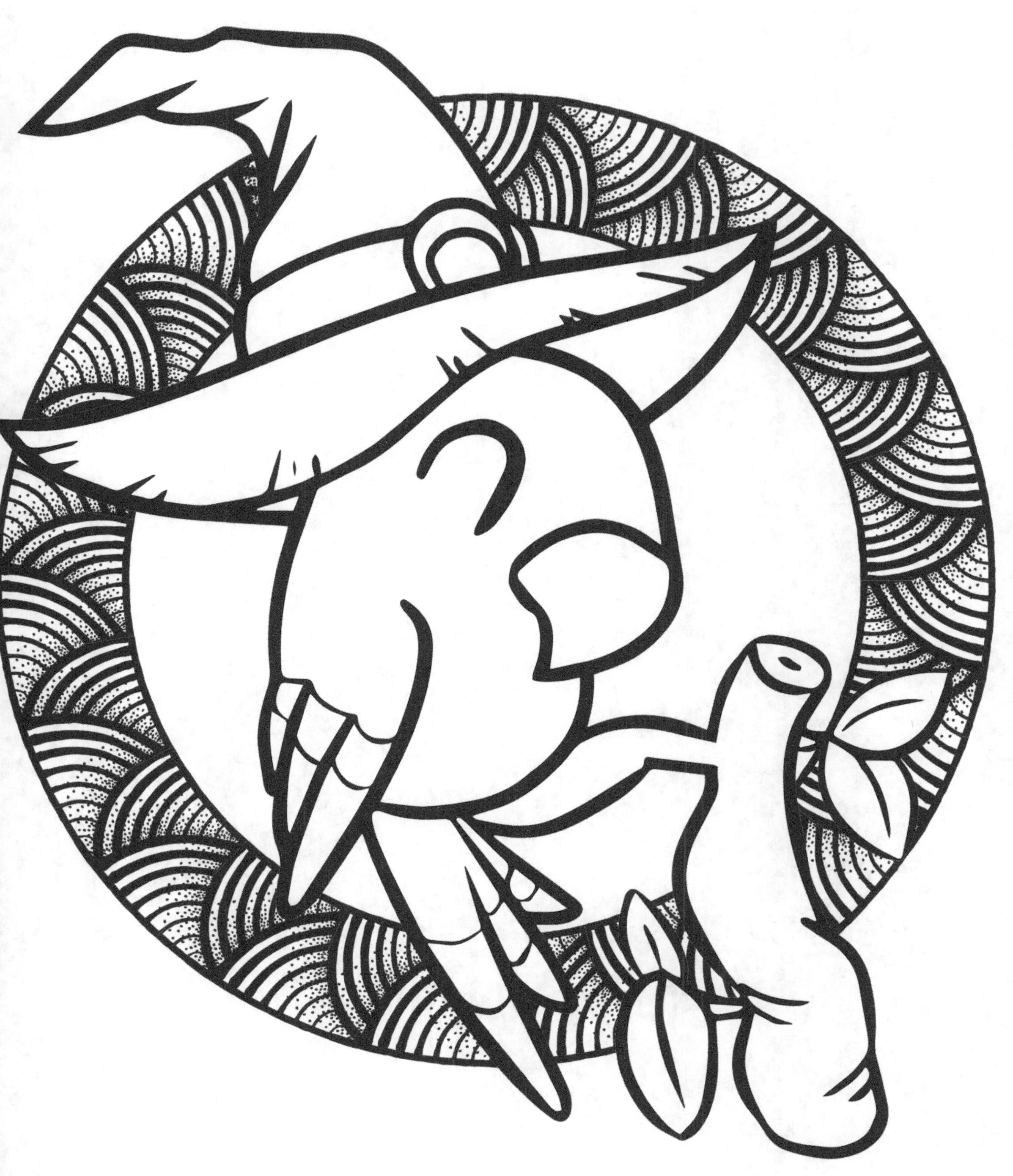

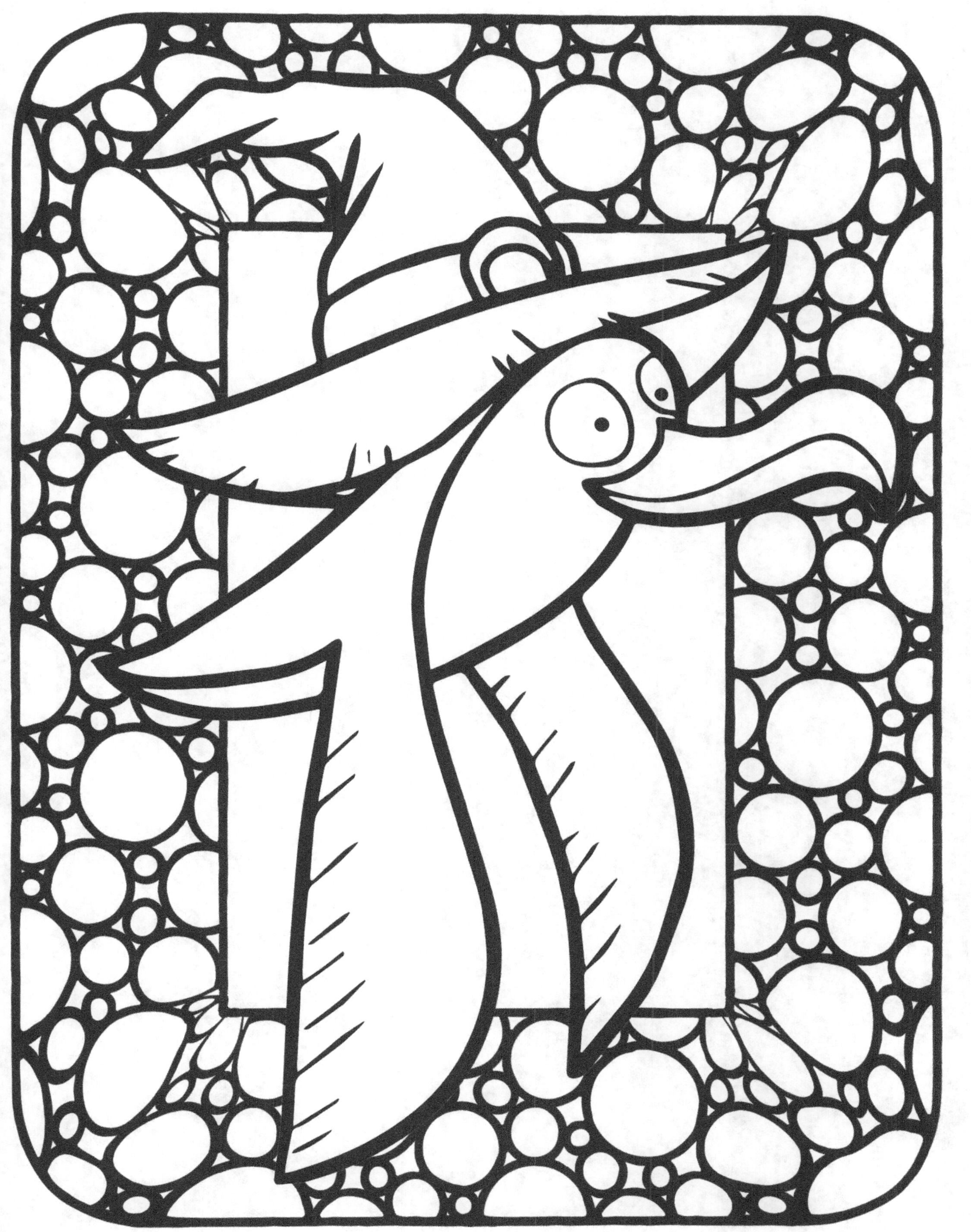

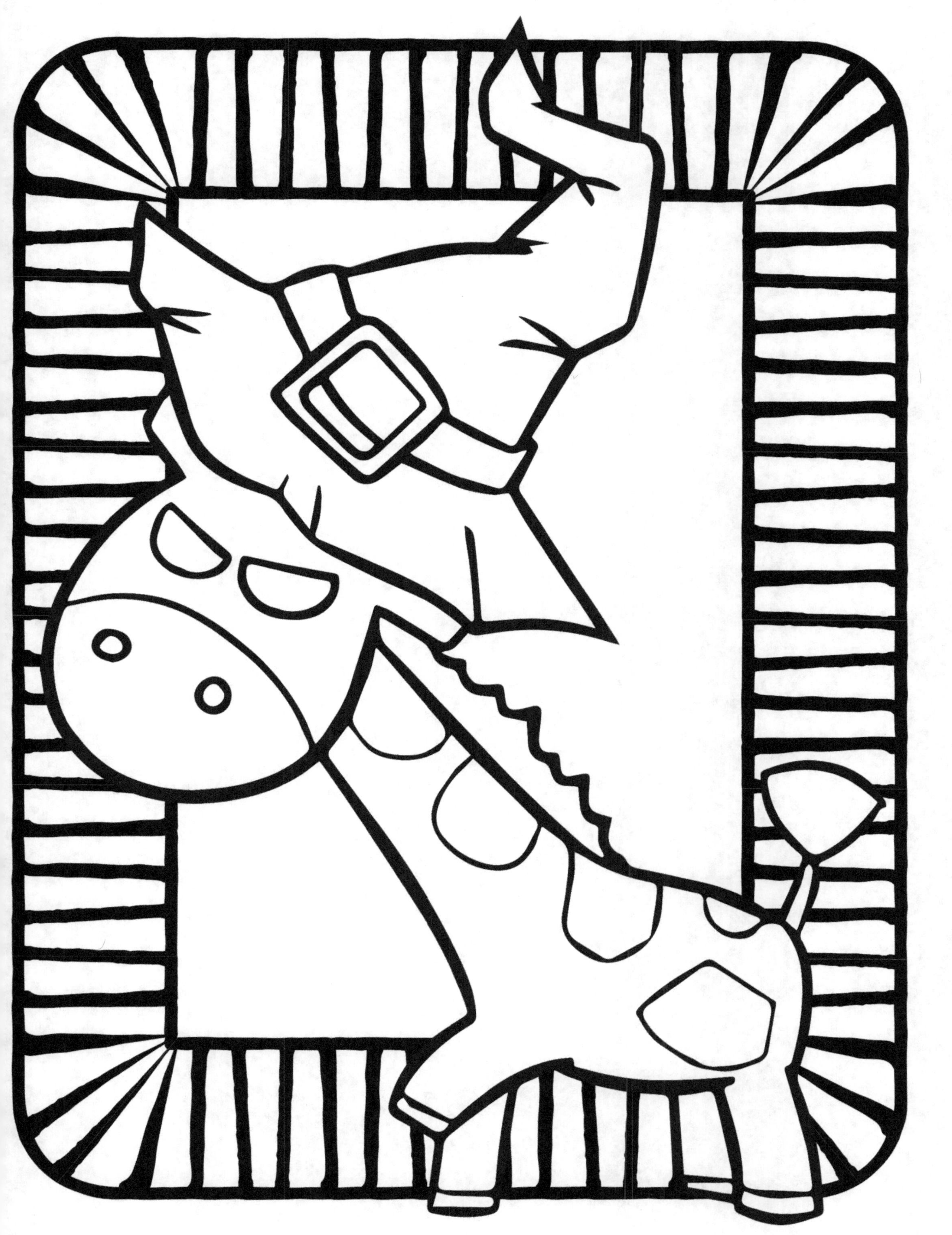

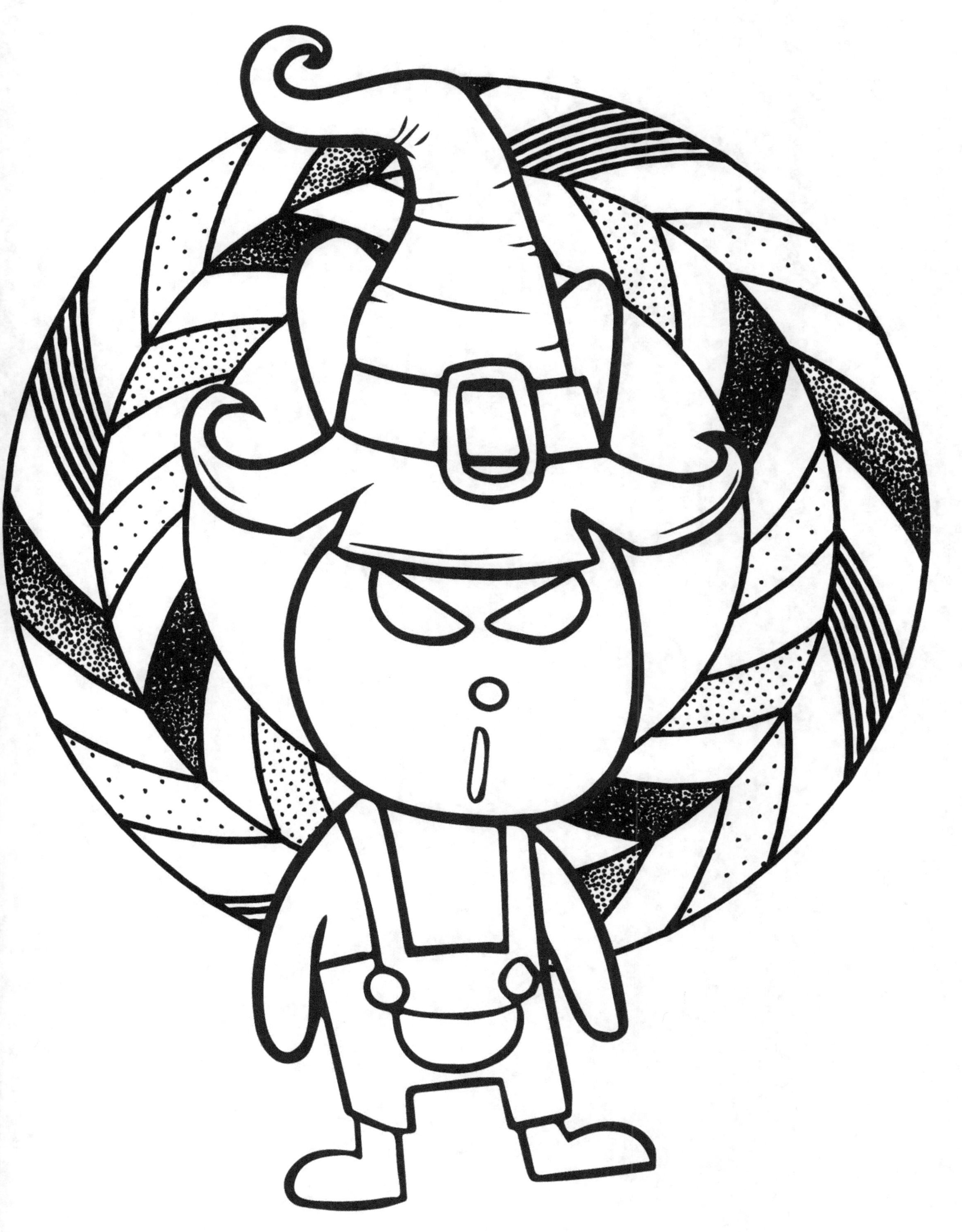

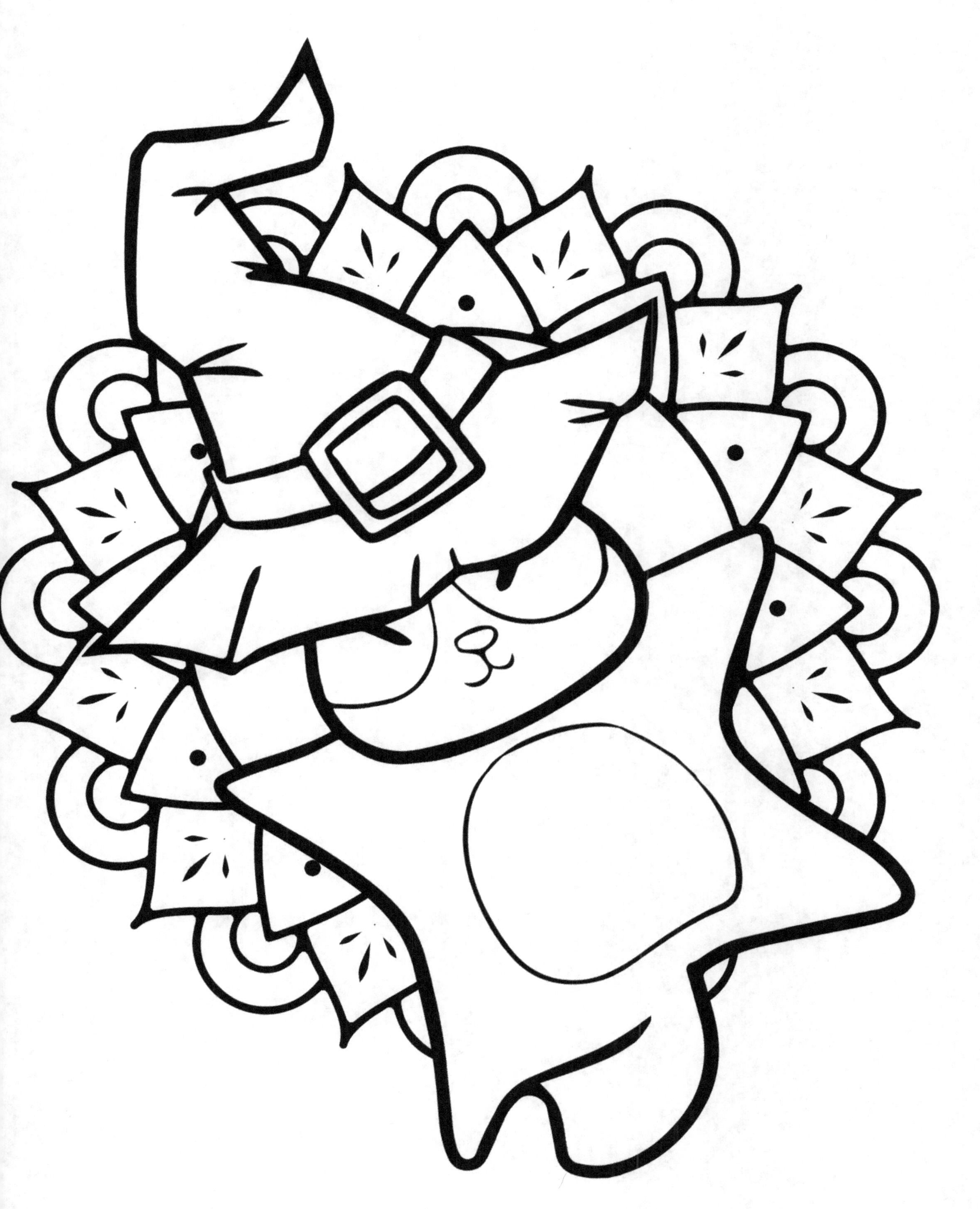

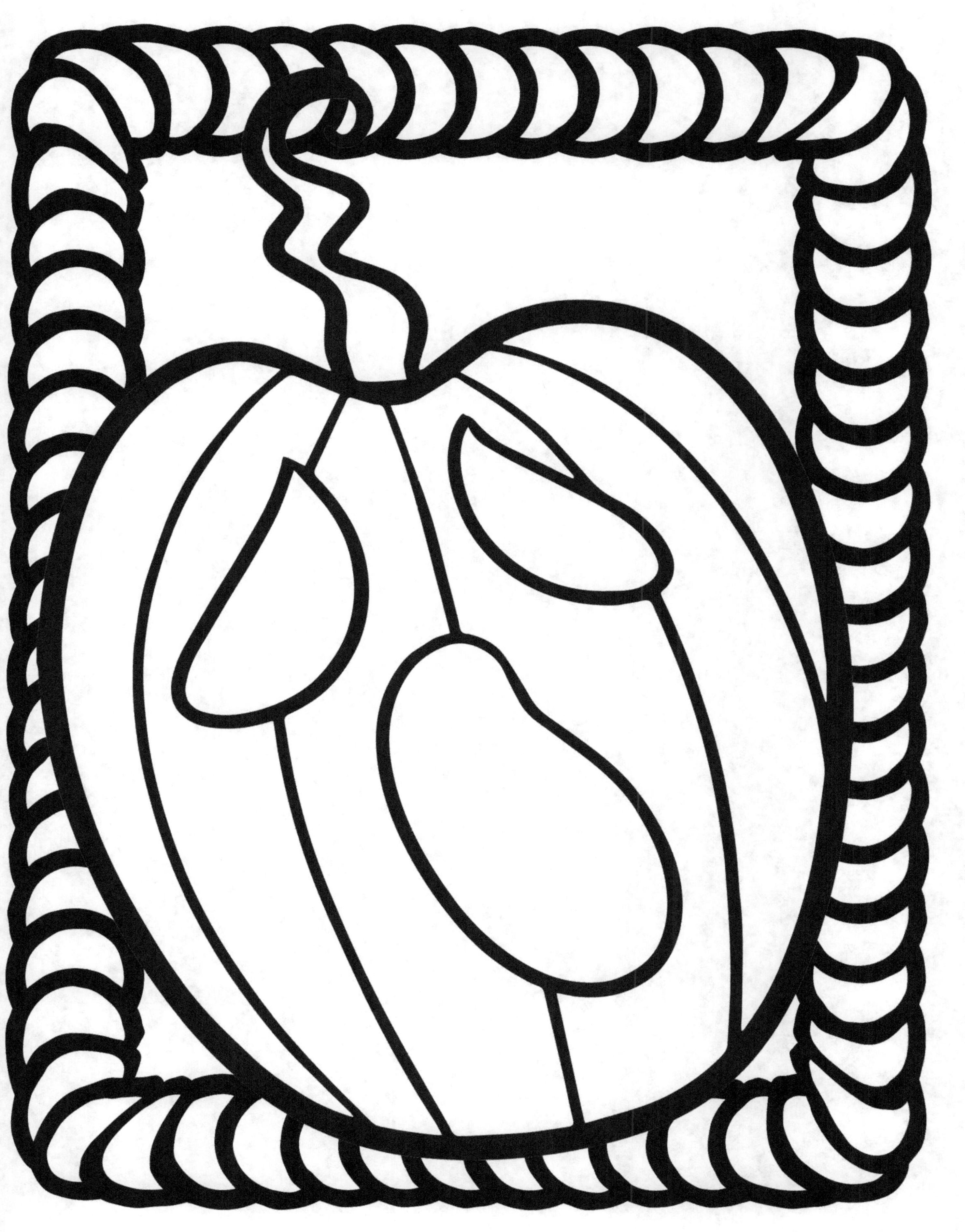

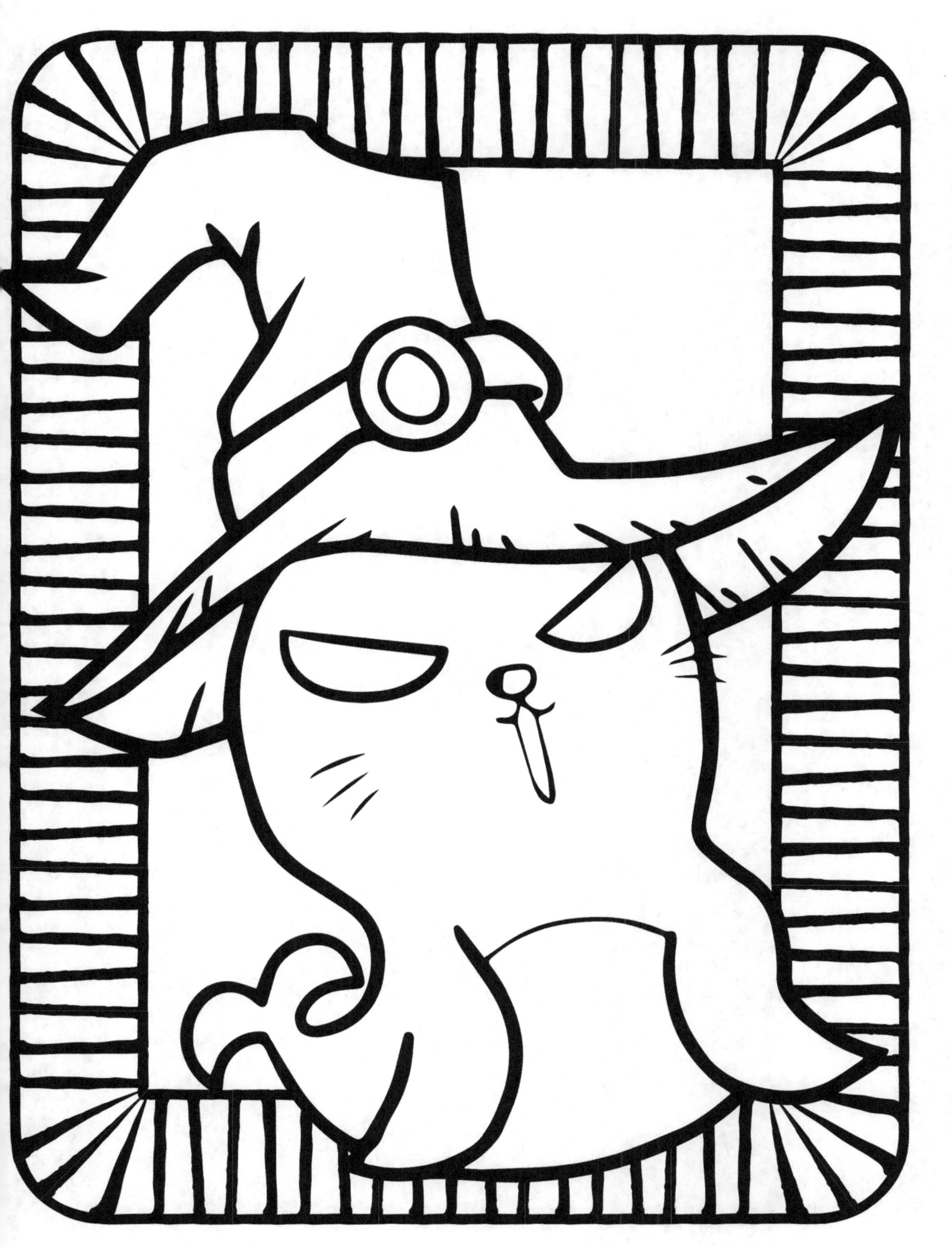

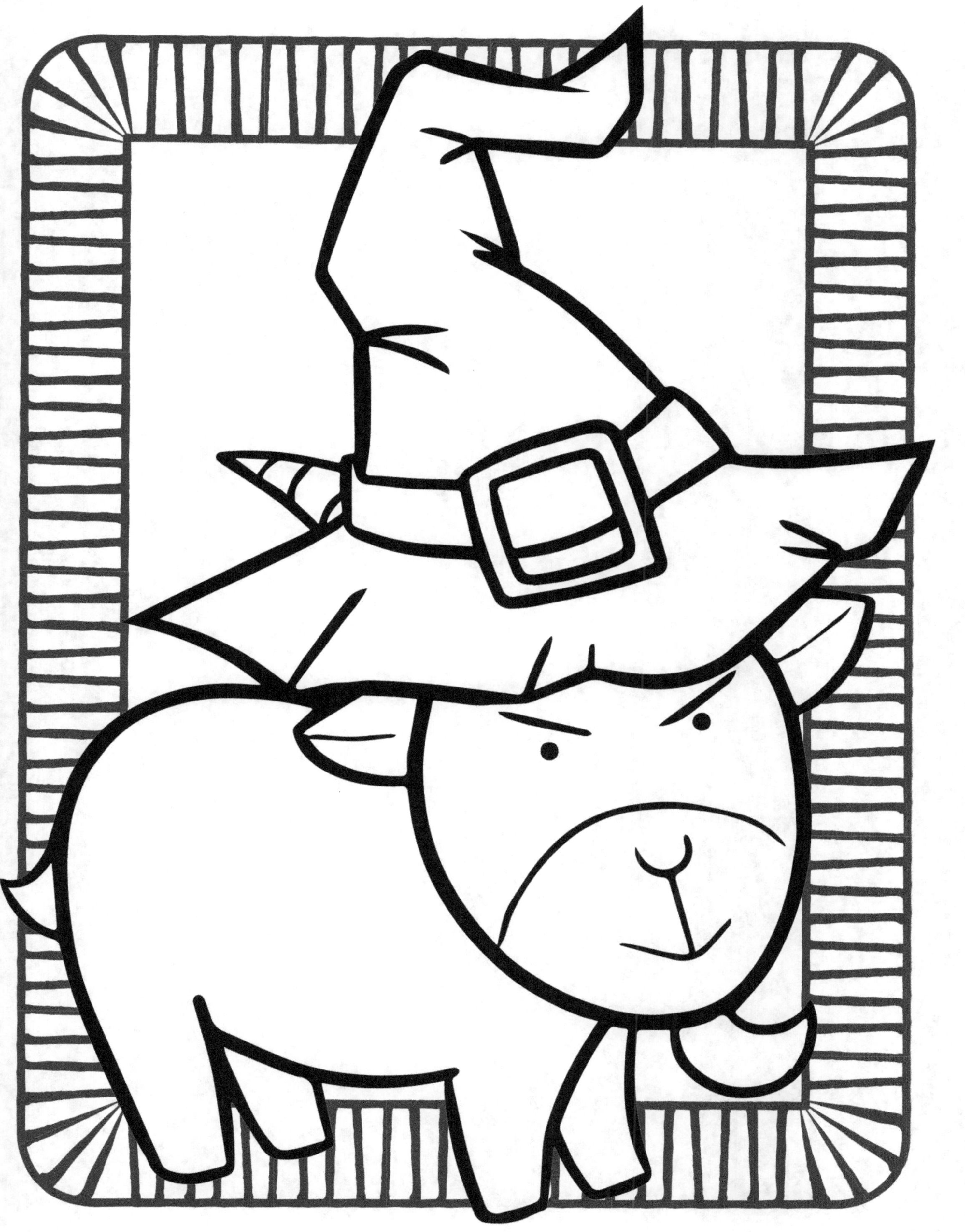

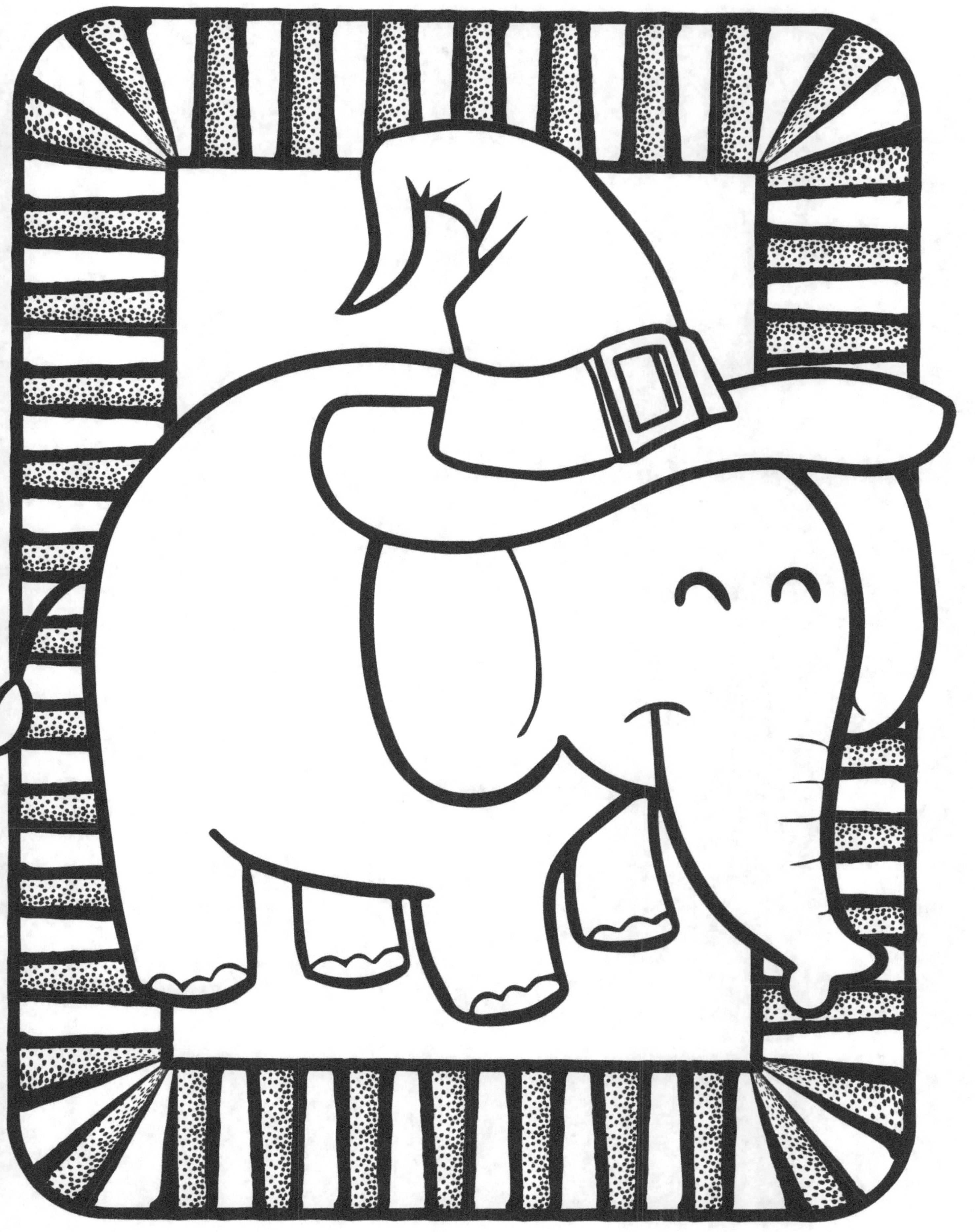

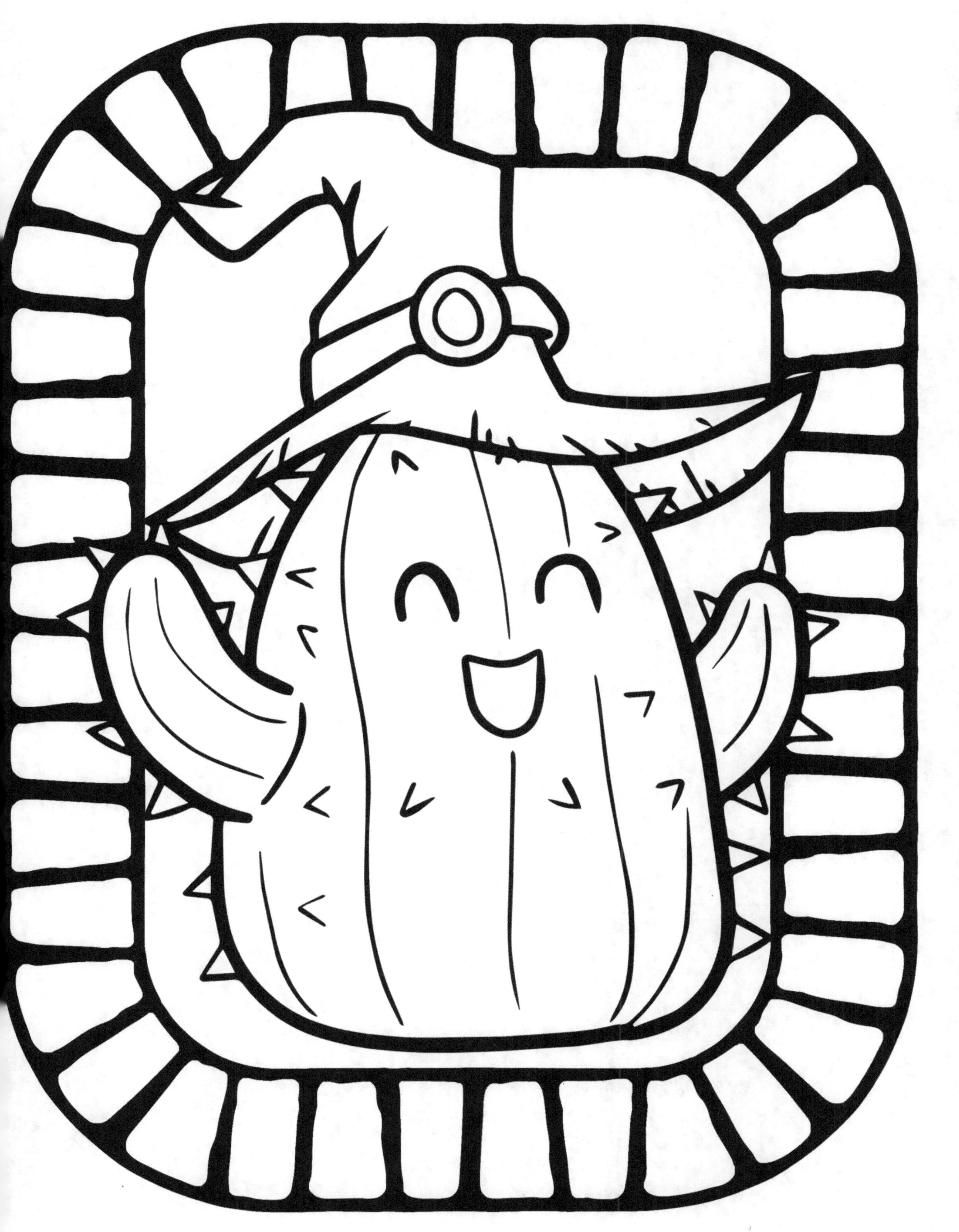

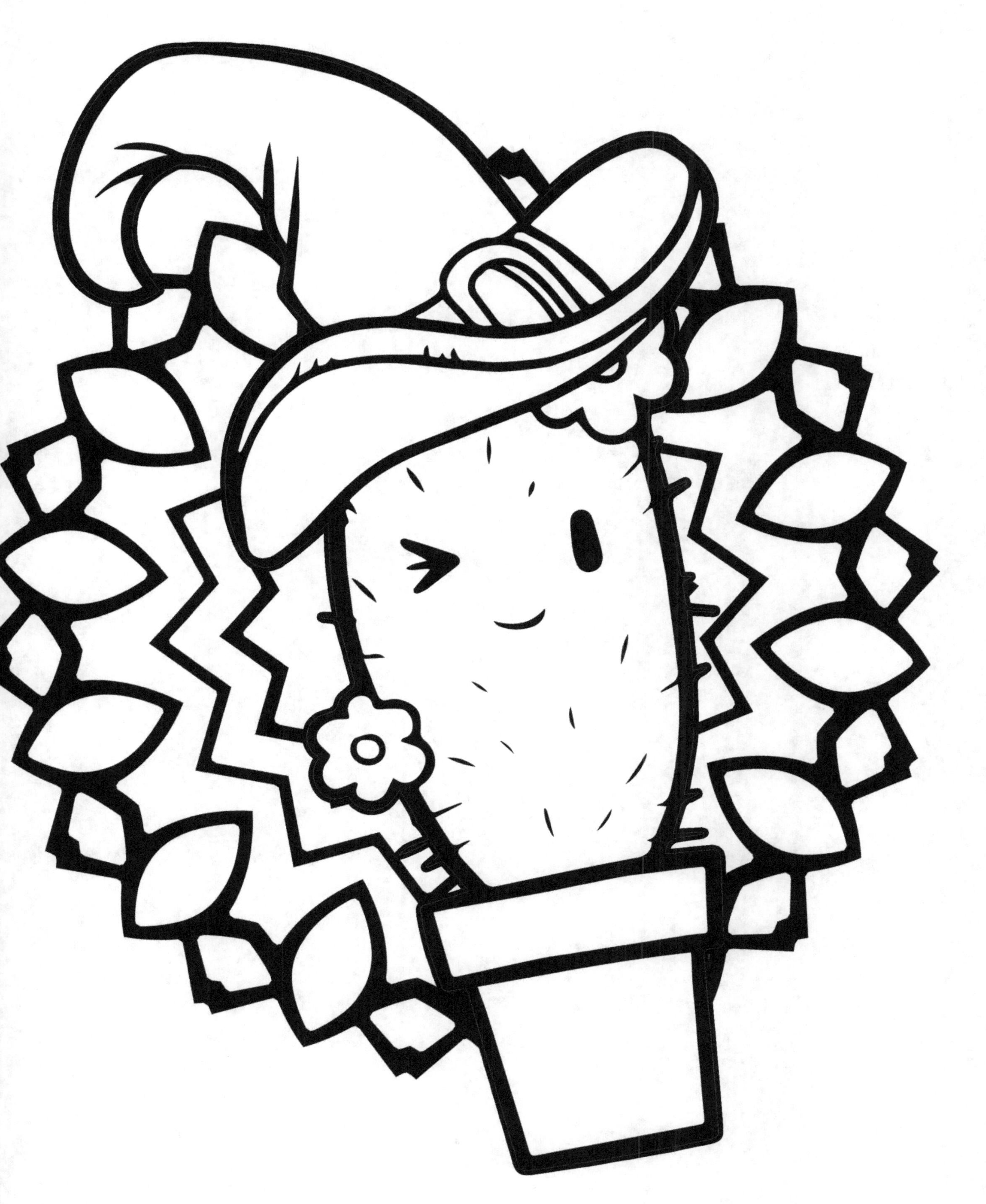

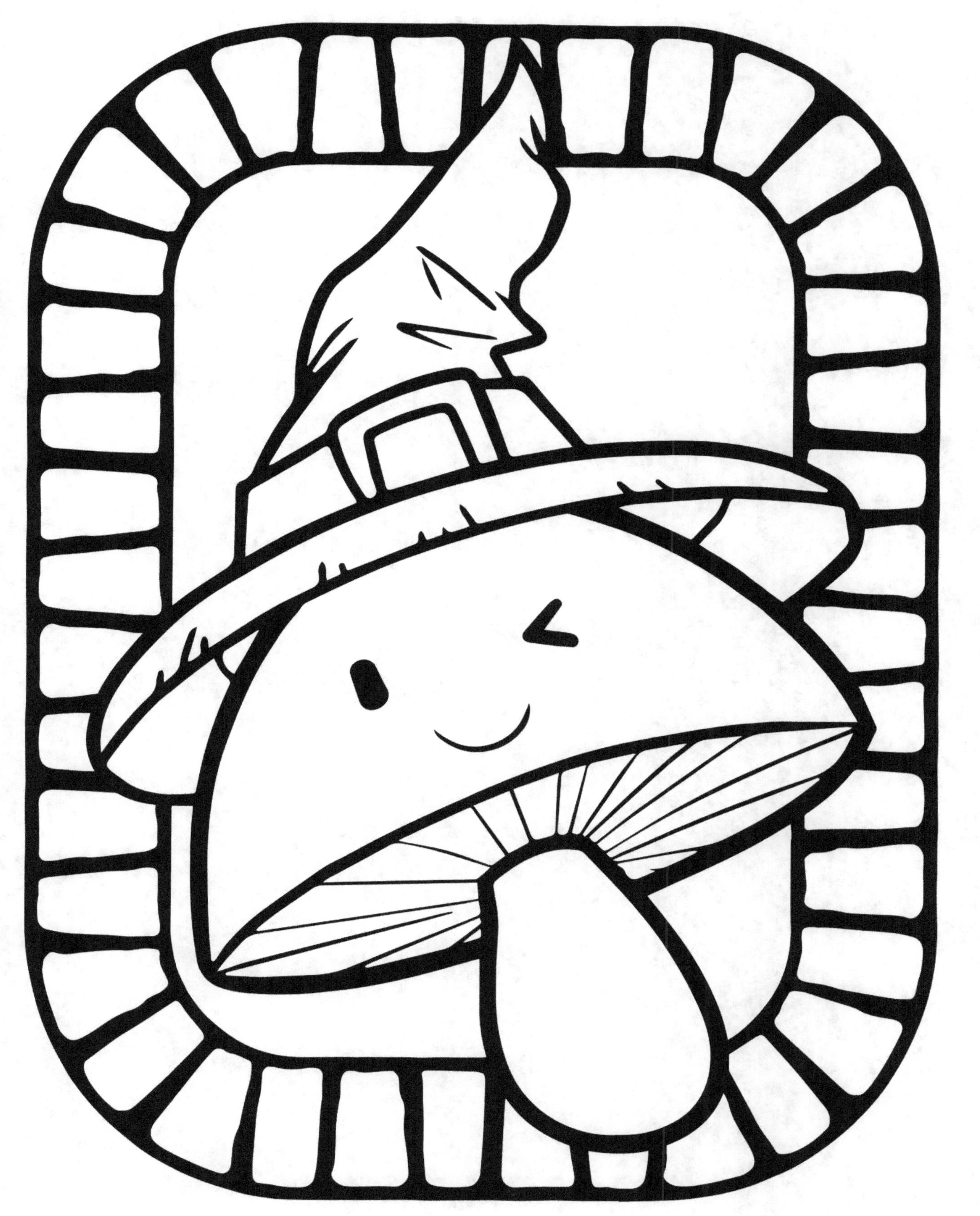

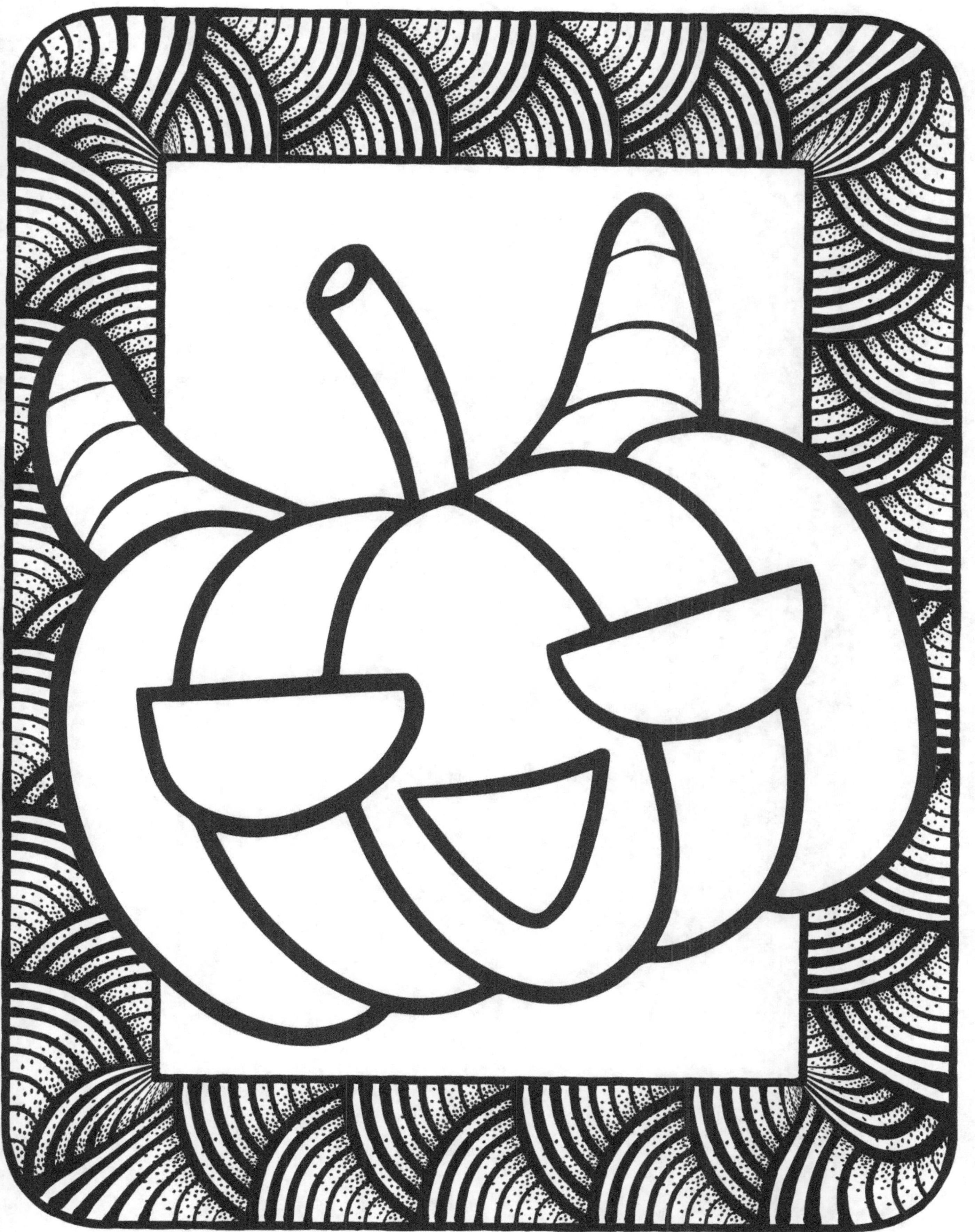